"十四五"职业教育国家规划教材

二手车鉴定与评估
（第2版）

主审　曾小山
主编　高加泉　张华伟

航空工业出版社

北　京

内 容 提 要

本书以GB/T 30323—2013《二手车鉴定评估技术规范》为依据编写，系统地介绍了二手车鉴定与评估的知识，客观地反映了目前国内二手车市场运作的实际状况和具体方法，内容全面，实用性强。本书分为绪论及四个项目，四个项目分别为前期准备、二手车技术状况鉴定、二手车价值评估、二手车交易。

本书可作为职业院校汽车类相关专业的教材，也可作为二手车鉴定评估人员的培训教材和参考用书。

图书在版编目（CIP）数据

二手车鉴定与评估 / 高加泉，张华伟主编． -- 2版．-- 北京：航空工业出版社，2023.7（2024.7重印）
ISBN 978-7-5165-3430-4

Ⅰ．①二… Ⅱ．①高… ②张… Ⅲ．①汽车－鉴定②汽车－价格评估 Ⅳ．①U472.9②F766

中国国家版本馆CIP数据核字(2023)第119645号

二手车鉴定与评估（第2版）

Ershouche Jianding Yu Pinggu（Di-er Ban）

航空工业出版社出版发行

（北京市朝阳区京顺路5号曙光大厦C座四层　100028）

发行部电话：010-85672666　　010-85672683

捷鹰印刷（天津）有限公司印刷	全国各地新华书店经销
2023年7月第2版	2024年7月第2次印刷
开本：880×1230　1/16	字数：320千字
印张：12	定价：49.80元

前言 FOREWORD

随着我国经济的飞速发展和人民生活水平的不断提高，汽车已进入千家万户。公安部数据显示，截至2023年年底，我国汽车保有量已达到4.35亿辆。根据发达国家汽车市场的发展规律，当新车销量增速达到一定程度时便会放缓，而二手车市场则开始发展。近几年的统计数据也表明我国二手车与新车的年销量之比在不断提高。

由于二手车交易市场的逐渐繁荣，亟须大量从事二手车鉴定评估工作的专业人才，各职业院校也因此相继开设了二手车鉴定评估课程。为了适应新形势，满足这些院校的课程需要及当前教育改革的要求，我们编写了本书。

具体而言，本书具有以下特色。

1 立德树人，同向同行

党的二十大报告指出："育人的根本在于立德。"本书有机融入党的二十大精神，积极践行素质教育理念，将价值塑造、知识传授和能力培养三者融为一体，让学生通过"素质目标""旗帜引领"等模块，深入领会艰苦奋斗、勇于创新、淡泊名利、甘于奉献的时代精神。

2 校企合作，工学结合

在编写本书的过程中，我们以二手车鉴定评估工作岗位所需的知识和技能为出发点，参考了大量的一线资料，并对具有二手车鉴定评估资格的相关企业进行了调研，将理论知识和岗位要求有机融合，精讲理论，注重技能，力求让学生学以致用。

3 全新理念，全新形态

本书采用全新理念、全新形态的项目化教学模式进行编写。根据工作流程，让学生从第一个任务开始，一步一步地学习如何对二手车进行鉴定评估，掌握二手车鉴定评估的全部操作流程。并且在编写时，我们力求做到使每个项目的任务实训之间有所联系，让学生在后面的任务实训中可以用到前面任务实训的数据或计算结果，将知识融会贯通，从而更有利于学生系统、全面地掌握二手车鉴定评估。

4 知识整合，书证融通

本书以证书标准、书证融通为切入点，将相关知识点与二手车鉴定评估领域职业技能等级标准进行整合，力求做到职业技能等级标准与专业人才培养方案的有效对接。

5 版块多元，告别枯燥

本书正文穿插了丰富的小模块，如"提示""注意""案例分析""知识拓展"等，以辅助学生学习，丰富学生的知识面，提高学生的学习兴趣。

6 海量图片，生动展示

本书在讲解二手车技术状况鉴定的相关知识时配有大量的图片，清晰、直观地展示了鉴定评估时车辆可能存在的各种缺陷。

7 数字资源，平台辅助

本书配有丰富的数字化资源，包括二手车鉴定评估的微课视频、各任务实训的电子版作业表（工作单）、考核表和二手车鉴定评估涉及的委托书、作业表和报告模板，以及精心制作的课件等，非常方便教师教学和学生实训。读者可登录文旌综合教育平台" 文旌课堂"（www.wenjingketang.com）下载使用。

此外，本书还提供了在线题库，支持"教学作业，一键发布"，教师只需要通过微信或"文旌课堂"App扫描扉页二维码，即可迅速选题、一键发布、智能批改，并查看学生的作业分析报告，提高教学效率、提升教学体验。学生可在线完成作业，巩固所学知识，提高学习效率。

本书由曾小山担任主审，高加泉、张华伟担任主编，刘尧尧担任副主编，江铃汽车股份有限公司万宏杰参与编写。在本书的编写过程中，我们参考了大量的文献资料，在此向这些资料的作者表示衷心的感谢！

由于编者水平有限，书中存在疏漏与不当之处，恳请广大读者批评指正。

特别说明：

（1）本书在编写过程中，参考了大量的资料并引用了部分文章和图片等。这些引用的资料大部分已获原作者授权，但由于部分资料来自网络，我们未能确认出处，也暂时无法联系到原作者。对此，我们深表歉意，并欢迎原作者随时与我们联系，我们将按规定支付酬劳。

（2）本书所选案例均来源于真实事件，但为了避免引起不必要的误会，部分人物使用了化名。

目录 CONTENTS

绪　论 / 1

　　一、了解汽车基础知识 / 2
　　二、了解报废、拼装与改装汽车 / 11
　　三、了解二手车鉴定评估 / 14
　　四、了解二手车鉴定评估师 / 19

项目一　前期准备 / 22

任务一　业务洽谈 / 23
　情景导入 / 23
　相关知识 / 23
　　一、业务洽谈目的 / 23
　　二、业务洽谈内容 / 23
　任务实训——二手车委托评估
　　　　　　业务洽谈 / 25

任务二　查验可交易二手车 / 27
　情景导入 / 27
　相关知识 / 27
　　一、如何查验可交易二手车 / 27
　　二、机动车来历证明 / 28
　　三、机动车法定证件 / 30
　　四、机动车主要税费缴付凭证 / 33
　任务实训——查验二手车证件 / 37

任务三　签订二手车鉴定评估委托书 / 39
　情景导入 / 39
　相关知识 / 39
　　一、二手车鉴定评估委托书的概念 / 39
　　二、二手车鉴定评估委托书的内容 / 40
　　三、二手车鉴定评估委托书的填写示例 / 41
　任务实训1——签订二手车鉴定评估
　　　　　　委托书 / 42
　任务实训2——制订二手车鉴定评估
　　　　　　作业方案 / 43

思考与练习 / 45

项目二 二手车技术状况鉴定 / 47

任务一　二手车的静态检查 / 48

情景导入 / 48

相关知识 / 48

　　一、二手车技术状况鉴定概述 / 48

　　二、事故车的判别（车身骨架的检查）/ 49

　　三、车身外观的检查 / 55

　　四、发动机舱的检查 / 62

　　五、驾驶舱的检查 / 70

　　六、底盘的检查 / 75

　　七、功能性零部件的检查 / 79

任务实训——二手车的静态检查 / 79

任务二　二手车的动态检查 / 86

情景导入 / 86

相关知识 / 86

　　一、启动检查 / 86

　　二、路试检查 / 91

任务实训——二手车的动态检查 / 93

任务三　二手车拍照 / 95

情景导入 / 95

相关知识 / 95

　　一、整体外形照 / 95

　　二、局部位置照 / 96

　　三、缺陷点正面照 / 97

任务实训——二手车拍照 / 97

思考与练习 / 99

项目三 二手车价值评估 / 101

任务一　计算二手车成新率 / 102

情景导入 / 102

相关知识 / 102

　　一、使用年限法 / 102

　　二、行驶里程法 / 104

　　三、部件鉴定法 / 105

　　四、整车观测法 / 107

　　五、综合分析法 / 107

　　六、综合成新率法 / 111

任务实训——计算二手车成新率 / 113

任务二　评估二手车价值 / 114

情景导入 / 114

相关知识 / 114

　　一、应用重置成本法 / 115

　　二、应用现行市价法 / 118

任务实训——评估二手车价值 / 122

任务三　撰写二手车鉴定评估报告 / 125

情景导入 / 125

相关知识 / 125

　　一、二手车鉴定评估报告概述 / 125

　　二、二手车鉴定评估报告的撰写要素 / 127

任务实训——撰写二手车鉴定评估报告 / 128

思考与练习 / 131

项目四 二手车交易 / 132

任务一　了解二手车的收购与销售定价 / 133
　情景导入 / 133
　相关知识 / 133
　　一、二手车的收购定价 / 133
　　二、二手车的销售定价 / 137
　　三、汽车置换 / 140
　　四、二手车网络交易平台 / 141
　任务实训——确定二手车收购及销售价格 / 142

任务二　办理二手车过户手续 / 144
　情景导入 / 144
　相关知识 / 145
　　一、了解二手车交易程序 / 145
　　二、办理二手车交易手续 / 145
　　三、办理二手车转移登记手续 / 148
　任务实训——办理二手车过户手续 / 151
思考与练习 / 153

附　录 / 154

附录一　机动车强制报废标准规定 / 154
附录二　二手车鉴定评估技术规范 / 156
附录三　二手车交易规范 / 173
附录四　二手车流通管理办法 / 178
附录五　二手车鉴定评估师考试须知 / 182

参考文献 / 184

绪　论

绪论导读

　　二手车鉴定评估是二手车交易的重要环节，通过对二手车进行技术状况鉴定及价值评估，可提高消费者对二手车的信任，保障交易双方的利益，促进二手车交易市场的发展。在对二手车进行鉴定评估前，需要了解汽车的基础知识，了解二手车及二手车交易市场，了解二手车鉴定评估的相关概念等，为从事二手车鉴定评估工作打下基础。

学习目标

1. 了解汽车分类、型号、主要技术参数等汽车基础知识。
2. 了解报废、拼装与改装汽车。
3. 了解二手车与二手车交易市场。
4. 了解二手车鉴定评估的主体、客体、目的、原则及程序等。
5. 了解二手车鉴定评估师，包括对二手车鉴定评估师的基本要求和技能要求等。

一、了解汽车基础知识

（一）汽车分类

为了与国际通行的汽车分类标准接轨，我国颁布实施了两个国标：GB/T 3730.1—2001《汽车和挂车类型的术语和定义》以及 GB/T 15089—2001《机动车辆及挂车分类》，制定了关于汽车分类的标准。其中，国标 GB/T 3730.1—2001 将汽车分为乘用车和商用车两大类，又结合我国汽车行业的发展状况和车辆用途，将乘用车和商用车进行了更细致的分类，具体分类情况如下。

乘用车的分类

1. 乘用车

乘用车是指在设计和技术特征上主要用于载运乘客及其随身行李和（或）临时物品的汽车。此类车包括驾驶员座位在内最多不超过9个座位。乘用车按结构和用途的不同，可分为如图0-1所示的多种类别（前6种统称轿车）。

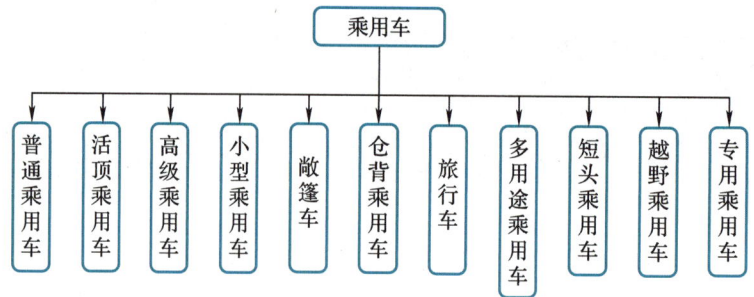

图0-1 乘用车的分类

2. 商用车

商用车是指在设计和技术特征上用于运送人员和货物的汽车。商用车按用途的不同，可分为客车、半挂牵引车、货车三大类，其具体分类如图0-2所示。

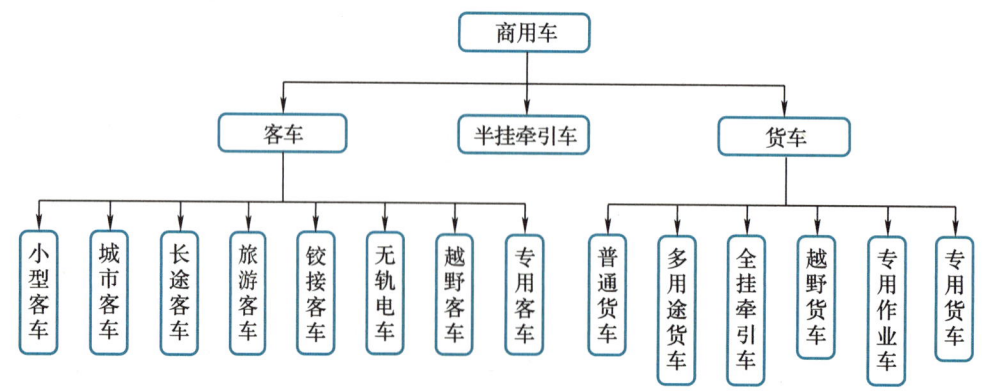

图0-2 商用车的具体分类

（二）汽车型号识别

1. 汽车产品型号

汽车产品型号是为了识别某种汽车而为其指定的编号，该编号由字母和阿拉伯数字组成。汽车产品型号的基本组成为企业名称代号、车辆类别代号、主要参数代号、产品序号，必要时附加企业自定义代号，对于专用汽车和半挂车还要增加专用汽车分类代号，如图0-3所示。

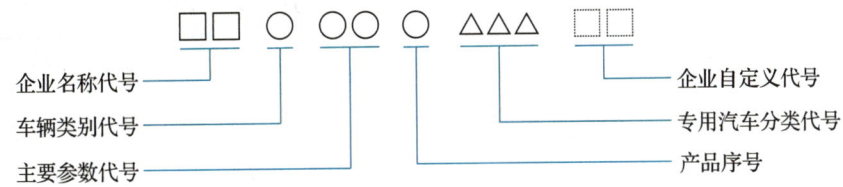

图0-3 汽车产品型号的基本组成

（1）企业名称代号

企业名称代号位于汽车产品型号的第一部分，通常用2~3个字母表示。例如，SGM代表上海通用；CA代表中国一汽；ZZ代表中国重汽等。

（2）车辆类别代号

车辆类别代号位于汽车产品型号的第二部分，用1位阿拉伯数字表示，表明车辆分属的种类。各类汽车的车辆类别代号如表0-1所示。

常见企业名称代号

表0-1 各类汽车的车辆类别代号

车辆类别	车辆类别代号	车辆类别	车辆类别代号
载货汽车	1	专用汽车	5
越野汽车	2	客车	6
自卸汽车	3	轿车	7
牵引汽车	4	半挂车及专用半挂车	9

（3）主要参数代号

主要参数代号位于汽车产品型号的第三部分，通常用2位阿拉伯数字表示。不同类别的汽车，其选作代号的主要参数也不同。车辆主要参数代号的具体表示方法如表0-2所示。

表0-2 车辆主要参数代号的具体表示方法

车辆类别	车辆主要参数	主要参数代号表示方法
载货汽车	车辆总质量（单位：t）	车辆的吨数即为其主要参数代号。当车辆总质量在100 t以上时，可以用3位阿拉伯数字表示
越野汽车		
自卸汽车		
牵引汽车		
专用汽车与半挂车		
客车	车辆长度（单位：m）	当车辆长度大于或等于10 m时，车辆的长度即为其主要参数代号；当车辆长度小于10 m时，将车辆长度精确到小数点后1位，再乘以10作为其主要参数代号
轿车	发动机排量（单位：L）	将车辆的发动机排量精确到小数点后1位，得到的排量数乘以10即为车辆的主要参数代号

> **注意**
> 当主要参数代号不足规定位数时,应在主要参数代号前加"0"占位。

(4) 产品序号

产品序号位于汽车产品型号的第四部分,用1位阿拉伯数字表示,按0,1,2,…依次使用,表示第几代产品或产品系列等,如"0"代表第一代产品,"1"代表第二代产品,以此类推。

(5) 专用汽车分类代号

专用汽车应在产品序号后增加专用汽车分类代号。专用汽车分类代号用三个字母表示,可分为两部分:专用汽车结构特征代号(前1位)和专用汽车用途特征代号(后2位),具体如表0-3所示。

表0-3 专用汽车结构特征与用途特征代号

专用汽车结构特征代号		专用汽车用途特征代号(部分)	
结构特征	结构特征代号	用途特征	用途特征代号
厢式汽车	X	工程车	GC
		冷藏车	LC
		运钞车	YC
特种结构汽车	T	试井车	SJ
		混凝土泵车	HB
		扫路车	SL
罐式汽车	G	清洗车	QX
		吸粪车	XE
		加油车	JY
起重举升汽车	J	高空作业车	GK
		飞机清洗车	QX
		航空食品装运车	SP
专用自卸汽车	Z	摆臂式垃圾车	BS
		背罐车	BG
		运棉车	YM
仓栅式汽车	C	畜禽运输车	CQ
		瓶装饮料运输车	YL
		养蜂车	YF

（6）企业自定义代号

企业自定义代号位于汽车产品型号的最后一部分，可用字母或阿拉伯数字表示，位数由企业自定。企业自定义代号适用于同一种汽车的结构略有变化而需要区别时，如汽油、柴油发动机，长、短轴距，单、双排座驾驶室，平、凸头驾驶室，左、右置转向盘等结构的变化。

> **注意**
>
> 供用户选装的汽车零部件（如暖风装置、收音机、地毯、绞盘等）不属于结构特征变化，不应给予企业自定义代号。

2. 车辆识别代号

车辆识别代号（VIN）又称车架号，是正确识别汽车必不可少的参数，是汽车生产企业为了识别每辆车而指定的一组由字母和阿拉伯数字组成的字码，相当于每辆汽车的"身份证"。该字码共17位，分为三部分，分别为世界制造厂识别代号（WMI）、车辆说明部分（VDS）和车辆指示部分（VIS），如图0-4所示。

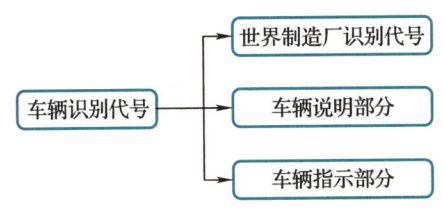

图0-4　车辆识别代号的组成

> **提示**
>
> 汽车都有一个铭牌，一般位于驾驶员一侧的车门上或发动机舱内，其上标注有车辆识别代号和发动机型号等，如图0-5所示。
>
>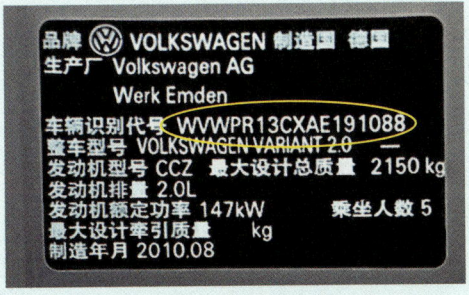
>
> 图0-5　汽车铭牌

（1）世界制造厂识别代号

VIN的前3位字码为世界制造厂识别代号（WMI），用来标识汽车生产企业。其中，第1位字码是由国际代理机构分配的，用来表明一个地理区域，如亚洲为J～R，北美洲为1～5，欧洲为S～Z。第2位字码用来表明一个特定地理区域内的一个国家或地区。国际代理机构为每个国家或地区分配了第1位及第2位字码的组合，如中国为L0～L9、LA～LZ，H0～H9、HA～HZ，美国为10～19、1A～1Z，德国为W0～W9、WA～WZ。第3位字码是由各国的授权机构分配的，用来表明其国内的某个汽车生产企业。这三位字码的组合能保证其代表的汽车生产企业在世界上的唯一性。

我国汽车生产企业的WMI代号是由国家汽车主管部门分配的，如LSV（上海大众）、LFV（一汽大众）、LHG（广州本田）、LHB（北汽福田）、LKD（哈飞汽车）、LS5（长安汽车）、LSG（上海通用）、LNB（北京现代）、LNP（南京菲亚特）。

在二手车鉴定评估和交易中，WMI的一个重要作用是判断汽车是国产的还是原装进口的。目前，汽车主要生产国在WMI中的第1位（或第1位和第2位）字码：中国——L和H；美国——1、4、5和7；德国——W、SN～ST；日本——J；英国——SA～SM；韩国——KL～KR；法国——VF～VR。

（2）车辆说明部分

车辆说明部分（VDS）位于VIN的第4至9位，由6个数字或字母组成。其中，第4至第8位字码用来表示汽车的一般特征，如品牌、种类、系列、车身类型、底盘类型、发动机类型、约束系统、制动系统等；第9位是验证数字。这6位字码是由各汽车生产企业自行规定的，不允许空位或缺位。

（3）车辆指示部分

车辆识别代号

车辆指示部分（VIS）位于VIN的第10至17位，由8个数字或字母组成。其中，第10位字码用来表示车型年份；第11位字码用来表示汽车装配厂；第12至17位为汽车生产顺序号。

 提示

VIN是识别一辆汽车不可缺少的参数，根据车辆识别代号（VIN）可以识别出该车的生产国家、生产厂家、车辆类型、品牌名称、车型系列、车身形式、发动机型号、安全防护装置型号、生产年份、装配工厂等。VIN在实际中的应用主要有以下几点。

① 车辆管理：车辆管理机关可将VIN输入计算机管理系统，实现信息化管理，便于在需要时调用信息，如处理交通事故、保险索赔、查询被盗车辆等。

② 车辆维修：可根据VIN识别车辆及其零部件，从而便于车辆故障诊断、配件订购等。

③ 二手车鉴定评估和交易：可根据VIN查询车辆的历史信息。

（三）汽车主要技术参数

1. 尺寸参数

（1）车长

车长是指垂直于汽车纵向对称平面，并分别抵靠在汽车前、后最外端突出部位的两垂面之间的距离，如图0-6所示。这里所指的突出部位不包括后视镜、侧面标志灯、转向指示灯、挠性挡泥板、折叠式踏板、防滑链及轮胎与地面接触部分的变形。

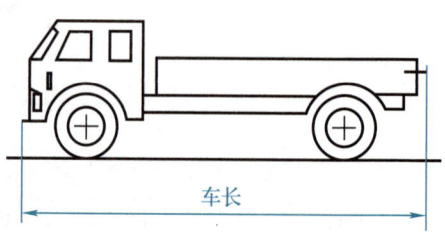

图0-6　车长

（2）车宽

车宽是指平行于汽车纵向对称平面，并分别抵靠在汽车两侧固定突出部位的两平面之间的距离，如图0-7所示。

（3）车高

车高是指汽车没有装载且处于可运行状态时，其支撑平面与其最高突出部位相抵靠的水平面之间的距离，如图0-8所示。

图0-7　车宽　　　　　　　　　　图0-8　车高

（4）轴距

轴距是指通过汽车同一侧相邻两车轮的中心点，并垂直于汽车纵向对称平面的两垂线之间的距离，如图0-9（a）所示。对于三轴及三轴以上的汽车，其轴距用每两个相邻车轮之间的轴距分别表示，总轴距则为各轴距之和，如图0-9（b）所示。

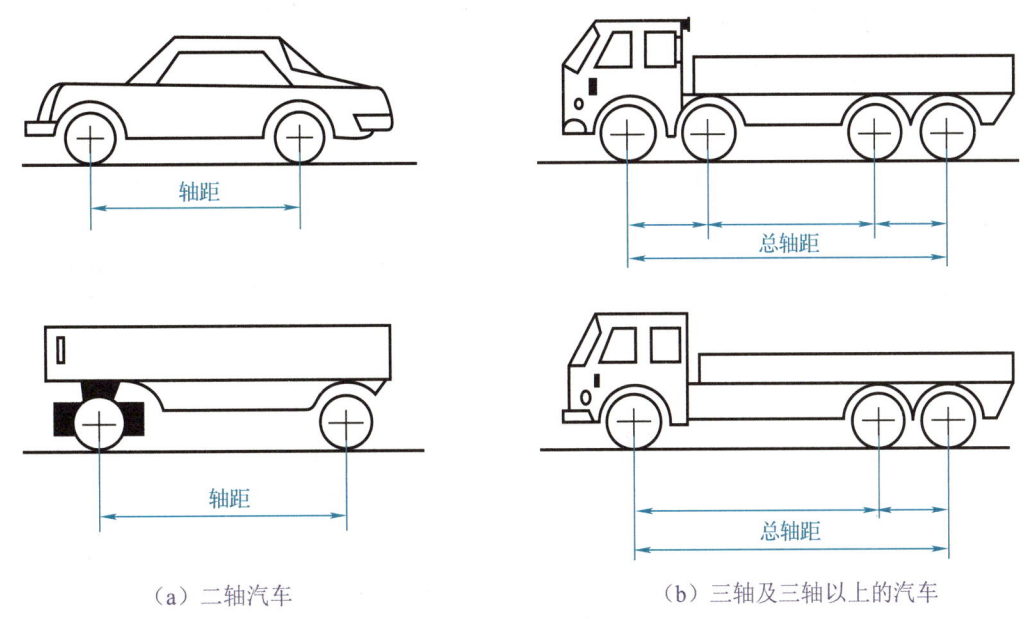

（a）二轴汽车　　　　　　　　　（b）三轴及三轴以上的汽车

图0-9　轴距

（5）轮距

汽车车轴的两端为单车轮时，轮距为车轮在汽车支撑平面上留下的轨迹中心线之间的距离，如图0-10（a）所示。汽车车轴的两端为双车轮时，轮距为双车轮两个中心平面之间的距离，如图0-10（b）所示。

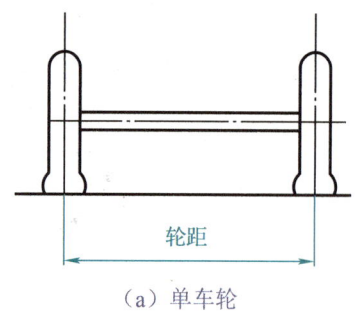
（a）单车轮

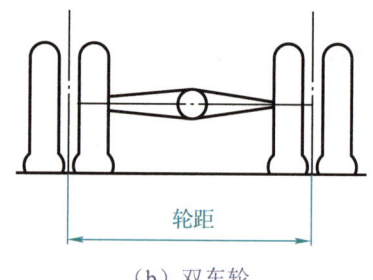
（b）双车轮

图 0-10　轮距

（6）前悬

前悬是指通过两前轮中心点的垂面与抵靠在汽车最前端（包括前拖钩、车牌及任何固定在汽车前部的刚性部件），并且垂直于汽车纵向对称平面的两垂面之间的距离，如图 0-11 所示。

（7）后悬

后悬是指通过两后轮中心点的垂面与抵靠在汽车最后端（包括牵引装置、车牌及固定在汽车后部的任何刚性部件），且垂直于汽车纵向对称平面的两垂面之间的距离，如图 0-12 所示。

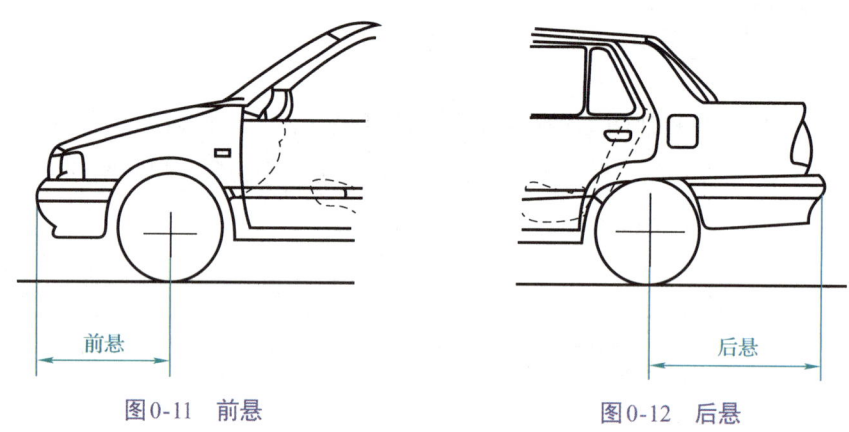

图 0-11　前悬　　　　　　　图 0-12　后悬

（8）最小离地间隙

最小离地间隙是指汽车满载静止时，除车轮之外的最低点与支撑平面之间的距离，如图 0-13 所示。

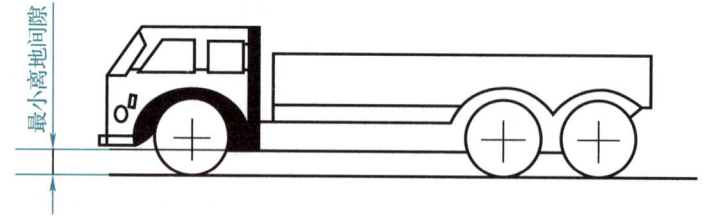

图 0-13　最小离地间隙

（9）接近角

接近角是指汽车满载静止时，水平路面与前轮轮胎外缘向汽车前端突出点所引的切平面之间的夹角，如图 0-14 所示。前轴前面任何固定在车辆上的刚性部件不得在此切平面的下方。

（10）离去角

离去角是指汽车满载静止时，水平路面与最后轮轮胎外缘向汽车后端突出点所引的切平面之间的夹角，如图0-15所示。后轴后面任何固定在车辆上的刚性部件不得在此切平面的下方。

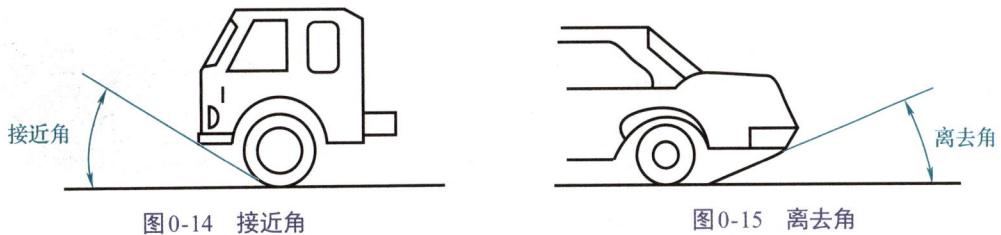

图0-14　接近角　　　　　　　　　图0-15　离去角

2．质量参数

（1）整车装备质量

整车装备质量，又称整车整备质量或空车质量，是指汽车全装备好时的空车质量（单位：kg），包括燃油、润滑剂、冷却液、清洗液、备胎、灭火器、标准备件、标准工具箱和三角垫木等。

（2）最大装载质量

最大装载质量又称满载质量，是指汽车在硬质、良好的路面上行驶时的额定装载质量（单位：kg）。最大装载质量又分为最大设计装载质量和最大允许装载质量。

（3）最大总质量

最大总质量是指汽车满载时的总质量（单位：kg），它是整车装备质量与最大装载质量之和。最大总质量又分为最大设计总质量和最大允许总质量。最大设计总质量是指汽车生产厂家规定的最大汽车总质量，最大允许总质量是指行政主管部门根据道路运行条件规定的允许运行的最大汽车总质量，最大允许总质量一般比最大设计总质量稍小。

（4）最大轴荷质量

最大轴荷质量是指汽车满载时各车轴所能承受的最大垂直载荷质量（单位：kg）。最大轴荷质量又分为最大设计轴荷质量和最大允许轴荷质量，最大允许轴荷质量一般比最大设计轴荷质量稍小。

3．主要性能指标

（1）动力性

汽车的动力性是指汽车克服各种行驶阻力进行加速，然后以足够高的平均速度行驶的能力，它是汽车使用性能中最基本，也是最重要的性能。汽车的动力性通常可用下列三个指标来评定。

① 最高车速。最高车速是指在无风条件下，在水平、良好的沥青或水泥路面上，汽车满载时所能达到的最大行驶速度。

② 加速性能。加速性能是指汽车在各种使用条件下迅速增加行驶速度的能力，通常用加速时间和加速距离来表示。增加速度时所用加速时间和加速距离越短的汽车，其加速性能就越好。汽车加速性能主要通过两个方面来表征，即原地起步加速性和超车加速性。

◎ **原地起步加速性**：汽车由静止状态起步后，以最大加速强度连续换挡至最高挡，加速到一定距离或车速所需的时间，它是反映汽车动力性的重要参数。

◎ **超车加速性**：汽车以最高挡或次高挡由最低稳定车速或预定车速（如30 km/h或40 km/h）全力

加速至某一高速度所需的时间。汽车超车加速时间越短,说明超车加速能力越强,从而可以减少超车时的并行时间,确保超车安全。

③ 爬坡能力。爬坡能力是指汽车满载时,在坚硬路面上,以1挡等速行驶期间所能爬行的最大坡度,它能够反映汽车的最大牵引力。

(2) 燃油经济性

燃油经济性是指在一定的使用条件下,汽车以最少的燃油消耗量完成单位运输工作量的能力。汽车的燃油经济性是衡量汽车性能的重要方面,也是二手车消费者最关心的性能之一。评价汽车燃油经济性的常见指标有百公里耗油量及单位量油耗可行驶里程数。

◎ **百公里耗油量**:汽车行驶100 km的燃油消耗量(L/100 km),这是我国和欧洲常用的指标。百公里耗油量越小,汽车的燃油经济性就越好。

◎ **单位量油耗可行驶里程数**:汽车满载时,每消耗单位体积燃油所能行驶的里程数。这是美国、加拿大等国采用的衡量汽车燃油经济性的指标,常以每加仑燃油可行驶的英里数(mile/gal)或每升燃油可行驶的公里数(km/L)表示。单位量油耗可行驶里程数越大,汽车的燃油经济性就越好。

(3) 制动性

制动性是指汽车按驾驶员的操作意图安全减速直至停车的能力。良好的制动性是汽车安全行驶的保障,也是汽车动力性得以充分发挥的前提。汽车的制动性主要由制动效能、制动抗热衰退性、制动时行驶方向稳定性三个方面来评价。

◎ **制动效能**:使汽车迅速减速直至停车的能力。制动效能是汽车制动性最基本的评价指标,常用制动过程中的制动时间、制动减速度和制动距离来评价。

◎ **制动抗热衰退性**:汽车在高速制动、短时间内多次重复制动或下长坡连续制动后,制动器抵抗因温度升高而导致的制动效能下降的能力。

◎ **制动时行驶方向稳定性**:汽车在制动期间,按指定轨迹行驶的能力,即汽车在制动时不发生跑偏、侧滑或者失去转向能力的性能。

(4) 操纵稳定性

操纵稳定性包括两个相互联系的性能,即汽车的操纵性和稳定性。汽车的操纵稳定性直接影响着汽车在转向或受到各种意外干扰时的行车安全性。

◎ **操纵性**:汽车对驾驶员的转向指令能及时且准确地响应的能力。轮胎的气压和弹性、悬挂装置的刚度及汽车的重心位置都会对汽车的操纵性产生显著的正面或负面影响。

◎ **稳定性**:汽车在受到外界扰动(如路面碎石或阵风的扰动)时,能自行迅速恢复到原来行驶状态和方向而不发生失控(如倾覆和侧滑)的能力。

(5) 行驶平顺性

行驶平顺性是指汽车在行驶过程中抵抗路面不平度所引起的振动的能力。评价汽车行驶平顺性的主要指标为汽车的振动频率和幅值。

(6) 安全性

安全性是指汽车防止交通事故发生或发生事故后保护乘员和货物不受损害的能力。其中，汽车防止交通事故发生的能力称为汽车的主动安全性；发生事故后，汽车保护乘员和货物不受损害或将损害降低到最小的能力，称为汽车的被动安全性。

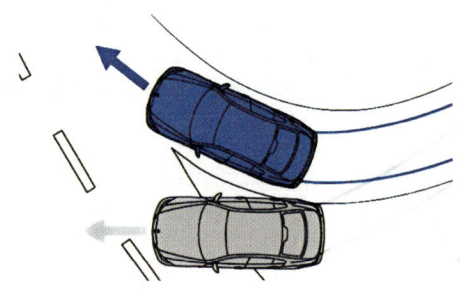

汽车常见的主动安全装置包括照明和信号灯、防眩目后视镜、防抱死制动系统（ABS）、驱动防滑系统（ASR）、电子制动分配系统（EBD）、车身稳定控制系统（ESP）、横向和纵向测距雷达、具有除霜和除雾功能的前挡风玻璃等。除了这些装置外，良好的主动安全性还要求汽车具有宽阔的视野，可靠灵敏的转向、加速和制动性，同时各种操纵件、指示器和信号装置的标识要醒目统一，以避免驾驶员因错误识别或错误操作而导致车祸。被动安全装置主要有安全带、安全气囊（SRS）、安全玻璃、卡车和挂车侧面及后下部防护装置、可溃缩转向柱及碰撞吸能区域等。

(7) 污染物排放特性

污染物排放特性反映了汽车控制有害污染物向大气中排放的能力。汽车有三个主要污染物排放：排气管排出的尾气、曲轴箱排出的排放物、化油器和燃油箱盖中漏出的蒸气。

(8) 噪声

噪声是指汽车行驶或怠速时产生的机械噪声。汽车噪声的大小是衡量汽车质量水平的一个重要指标。汽车的噪声源有多种，如发动机、变速器、驱动桥、传动轴、车厢、玻璃窗、轮胎、继电器等都会产生噪声，但最主要的噪声源有两个，一个是发动机，另一个是轮胎，只要汽车行驶，它们便会产生噪声。

二、了解报废、拼装与改装汽车

根据相关规定，二手车鉴定评估人员不应对报废和拼装汽车进行鉴定评估，并有责任阻止此类汽车进行交易。因此，在具体学习二手车鉴定评估前，有必要了解报废、拼装与改装汽车的相关概念和规定。

（一）报废汽车

1. 什么是报废汽车

汽车在使用和存放一定年限后，由于自然或人为的物理、化学作用，会造成各总成及零部件磨损、线路老化，使汽车的技术状况和性能劣化，导致汽车的行驶安全性和操纵性变差，燃油消耗量和污染物排放量增加。为了确保汽车驾驶员、乘员及其他交通参与者（包括行人）的安全，节省能源，保护环境，鼓励技术进步和公平竞争，国家颁布实施了《机动车强制报废标准规定》。

《机动车强制报废标准规定》从累计行驶里程和（或）使用年限两个方面，对各类机动车的报废标准做了具体规定，如表0-4所示。凡达到该报废标准规定的汽车，都属于报废汽车。此外，有的汽车虽然未达到该报废标准，但因交通事故或车辆超负荷使用造成发动机和底盘严重损坏，经检验不符合我国GB 7258—2017《机动车运行安全技术条件》规定的有关汽车安全、尾气排放要求，这类汽车也属于报废汽车。

表0-4 各类机动车使用年限及行驶里程参考值汇总表

车辆类型与用途				使用年限/年	行驶里程/万千米
汽车	载客	营运	出租客运 小、微型	8	60
			出租客运 中型	10	50
			出租客运 大型	12	60
			租赁	15	60
			教练 小型	10	50
			教练 中型	12	50
			教练 大型	15	60
			公交客运	13	40
			其他 小、微型	10	60
			其他 中型	15	50
			其他 大型	15	80
		专用校车		15	40
		非营运	小、微型客车、大型轿车	无	60
			中型客车	20	50
			大型客车	20	60
	载货		微型	12	50
			中、轻型	15	60
			重型	15	70
			危险品运输	10	40
			三轮汽车、装用单缸发动机的低速货车	9	无
			装用多缸发动机的低速货车	12	30
	专项作业		有载货功能	15	50
			无载货功能	30	50
挂车	半挂车		集装箱	20	无
			危险品运输	10	无
			其他	15	无
	全挂车			10	无

表0-4（续）

车辆类型与用途		使用年限/年	行驶里程/万千米
摩托车	正三轮	12	10
	其他	13	12
轮式专用机械车		无	50

注：表中机动车主要依据公共安全行业标准GA 802—2014《机动车类型 术语和定义》进行分类。

《机动车强制报废标准规定》还做了如下说明。

① 对小、微型出租客运汽车（纯电动汽车除外），省、自治区、直辖市人民政府有关部门可结合本地实际情况，制定严于上述使用年限的规定，但小、微型出租客运汽车不得低于6年。

② 小、微型非营运载客汽车、大型非营运轿车、轮式专用机械车无使用年限限制。

③ 机动车使用年限起始日期按照注册登记日期计算，但自出厂之日起超过2年未办理注册登记手续的，按照出厂日期计算。

④ 部分汽车既规定了累计行驶里程，又规定了使用年限，那么当其中任一指标达到报废标准时，即认为该车辆已达到报废标准。

2．报废汽车的处理

根据国务院2019年第715号令《报废机动车回收管理办法》和商务部2005年第16号令《汽车贸易政策》的规定，报废汽车所有人应当将报废汽车及时交售给具有合法资格的报废机动车回收企业，任何单位或者个人不得将报废汽车出售、赠与或者以其他方式转让给非报废机动车回收企业的单位或者个人。

（二）拼装汽车

拼装汽车是指违反国家关于汽车生产方面的有关规定，私自拼凑零部件装配的汽车。拼装汽车一般都存在质量差、成本高、不符合安全检验及运行技术标准的问题，有些拼装汽车还可能因装配技术问题而造成事故。拼装汽车一般有以下几种类型。

① 境外整车切割，境内焊接拼装的汽车。

② 进口汽车零配件，国内拼装的汽车。

③ 国产零配件拼装的汽车。

④ 旧车、报废汽车的五大总成和其他零部件拼装的汽车。

《中华人民共和国道路交通安全法》规定，任何单位或者个人不得有下列行为。

① 拼装机动车或者擅自改变机动车已登记的结构、构造或者特征。

② 改变机动车型号、发动机号、车架号或者车辆识别代号。

③ 伪造、变造或者使用伪造、变造的机动车登记证书、号牌、行驶证、检验合格标志、保险标志。

④ 使用其他机动车的登记证书、号牌、行驶证、检验合格标志、保险标志。

（三）改装汽车

改装汽车有两种基本类型：一是生产厂家的改装，其使用经国家鉴定合格的零配件，对原车进行重新设计、改装；二是消费者自己或委托汽车改装公司在已购汽车（主要是轿车或越野车）的基础上，做一些外形、内饰和性能的改装。二手车交易市场上常讲的改装汽车是指后者。

> 如果车主打算变更车身颜色和车身车架，应向车辆管理机关提出申请并获批准。如果要变更发动机或车辆的使用性质，除应提出申请并获批准外，在变更后还应到车辆管理机关办理变更登记手续。

三、了解二手车鉴定评估

二手车鉴定评估一般在二手车交易市场进行，下面首先讲解二手车、二手车鉴定评估、二手车交易市场的概念，然后讲解二手车鉴定评估的主体、客体、适用范围、业务类型、依据和原则、程序。

（一）基本概念

1. 二手车

二手车是指从办理完注册登记手续到达到国家强制报废标准之前进行交易并转移所有权的车辆。

2. 二手车鉴定评估

二手车鉴定评估是对二手车进行技术状况检测、鉴定，并确定其在某一时点价值的过程，目的是为二手车交易、置换、拍卖以及企业资产变动等经济行为提供价值参考。它主要由二手车技术状况鉴定和二手车价值评估两部分组成。

3. 二手车交易市场

二手车交易市场是指依法设立、为买卖双方提供二手车集中交易和相关服务的场所，是二手车信息和资源的集散地。

二手车交易市场经营者应当为二手车经营主体（从事二手车经销、拍卖、经纪、鉴定评估的企业）提供固定场所和设施，并为客户提供办理二手车鉴定评估、转移登记、保险、纳税等手续的条件。二手车经销企业、经纪机构应当根据客户要求，为客户代办二手车鉴定评估、转移登记、保险、纳税等手续。

（二）二手车鉴定评估的主体

二手车鉴定评估的主体是从事二手车鉴定评估的机构及专业的鉴定评估人员。二手车鉴定评估机构的职能如下。

1. 评估职能

评估职能是二手车鉴定评估机构的关键职能，包括对二手车的评价职能、勘验职能（验证二手车是否合法）、鉴定职能（鉴定二手车技术状况）、估价职能（评估二手车价值）等。

2. 公证职能

公证职能是二手车鉴定评估机构的重要职能，具有以下特征。

① 其公证职能虽然不具备定论作用，但却有促成司法结案、买卖成交的作用。

② 其公证职能虽然不具备法律效力，但其得出的结论可以接受法律的考验。

3. 中介职能

二手车鉴定评估机构以中间人的身份从事二手车鉴定评估活动，为当事人提供服务，且可以受托于双方当事人中的任何一方，独立地开展二手车价值评估，得出评估结论，并促成双方当事人接受该结论，因此二手车鉴定评估机构具有鲜明的中介职能。

知识拓展

根据《二手车流通管理办法》的规定，二手车鉴定评估机构应当具备下列条件。

① 是独立的中介机构。

② 有固定的经营场所和从事经营活动的必要设施。

③ 有3名以上从事二手车鉴定评估业务的专业人员。

④ 有规范的规章制度。

设立二手车鉴定评估机构应当按下列程序办理。

① 申请人向拟设立二手车鉴定评估机构所在地省级商务主管部门提出书面申请，并提交上述材料。

② 省级商务主管部门自收到全部申请材料之日起20个工作日内作出是否予以核准的决定，对予以核准的，颁发《二手车鉴定评估机构核准证书》；不予核准的，应当说明理由。

③ 申请人持《二手车鉴定评估机构核准证书》到工商行政管理部门办理登记手续。

（三）二手车鉴定评估的客体

二手车鉴定评估的客体是指待评估的车辆。根据《二手车流通管理办法》的规定，下列车辆禁止经销、买卖、拍卖和经纪，即不能进行鉴定评估。

① 已报废或者达到国家强制报废标准的车辆。

② 在抵押期间或者未经海关批准交易的海关监管车辆。

③ 在人民法院、人民检察院、行政执法部门依法查封、扣押期间的车辆。

④ 通过盗窃、抢劫、诈骗等违法犯罪手段获得的车辆。

⑤ 发动机号码、车辆识别代号或者车架号码与登记号码不相符，或者有凿改迹象的车辆。

⑥ 走私、非法拼（组）装的车辆。

⑦ 不具有机动车登记证书、机动车行驶证、有效的机动车安全技术检验合格标志等证明、凭证的车辆。

⑧ 国家法律、行政法规禁止经营的车辆。

二手车交易市场经营者和二手车经营主体发现车辆具有上述④、⑤、⑥情形之一的，应当及时报告公安机关、工商行政管理部门等执法机关。对交易违法车辆的，二手车交易市场经营者和二手车经营主体应当承担连带赔偿责任和其他相应的法律责任。

（四）二手车鉴定评估的适用范围

二手车鉴定评估是为了准确反映二手车的技术状况和价值，为将要发生的经济行为提供公平的价格尺度。具体而言，二手车鉴定评估的适用范围有以下几点。

1. 车辆交易

在二手车的交易过程中，买卖双方对交易价格的期望是不同的，甚至相差甚远。二手车鉴定评估人员的工作是站在公正、独立的立场对被交易车辆进行鉴定评估，将得到的客观评估价格作为买卖双方成交的参考价格，从而保障交易双方的利益，促进交易顺利进行。

案例分析

> 魏某与李某私下协商，约定李某将自己所有的小型切诺基越野车出售给自己，价款3.9万元，并签订《购车协议》，后双方依约履行合同。
>
> 魏某用车一段时间后，发生了一次交通事故。在修理该车时，魏某发现该车《机动车检验合格标志》登记的车牌号与行驶证上登记的车牌号不符，同时发现该车未缴纳保险，修理人员告知他该车发生过重大交通事故。于是，魏某请某二手车鉴定评估机构对该车进行鉴定评估。经鉴定，该车右侧A柱、前防火墙内陷，副驾驶座地板有明显钣金、焊接修复痕迹，驾驶座安全气囊装置已损坏，发动机也有严重问题，鉴定结论为该车已达国家强制报废标准。
>
> 由此可见，对二手车进行鉴定评估是进行二手车交易前的一个重要环节，可保障交易双方的利益。上述案例中，魏某如果在购车前要求李某委托二手车鉴定评估机构对该车进行鉴定评估，就不会购买到报废汽车了。

2. 车辆置换

车辆置换包括以旧换新和以旧换旧两种业务。为使车辆置换顺利进行，必须对置换的二手车进行鉴定评估。车辆的评估结果直接关系到置换双方的利益。

3. 车辆拍卖

法院罚没车辆、企业清算车辆、海关获得的抵税和放弃车辆、个人或单位的抵债车辆、公车改革的公务用车均须经过拍卖市场公开拍卖来变现，拍卖前必须对车辆进行鉴定评估，以提供拍卖底价。

4. 抵押贷款

银行为了确保放贷安全，要求贷款人以车辆作为贷款抵押物时，需要专业的鉴定评估人员对车辆的价值进行评估。车辆价值评估的高低，可决定贷款人申请贷款的额度；对放贷者而言，评估的准确性也在一定程度上影响着贷款回收的安全性。

5. 车辆保险

在对车辆进行投保时，所缴纳的保费高低和车辆的价值大小有直接关系；同样，当保险车辆发生事故，需要保险公司理赔时，为了保证保险双方的利益，也需要对理赔的车辆进行公正的鉴定评估。

6. 企业资产变更

在公司合作、合资、联营、分设、合并、兼并等经济活动中，若牵涉资产所有权的转移，车辆作为固定资产的一部分，自然也存在产权变更的问题，在产权变更时，必须对其价值进行评估。

7. 法律诉讼咨询服务

涉及车辆的诉讼，当事人可委托鉴定评估人员对车辆进行鉴定评估，有助于把握事实真相；同时，法院判决时，可以将评估结果作为司法裁定时的现时价值依据。这种评估也可由法院委托鉴定评估机构进行评估。

8. 鉴别非法车辆

二手车鉴定评估还有一项重要任务，就是鉴定和识别走私车、盗抢车、非法拼装车、报废车、手续不全的车等非法车辆，以防这些车辆流入二手车交易市场。

（五）二手车鉴定评估的业务类型

按鉴定评估服务对象的不同，二手车鉴定评估业务可分为交易类业务和咨询服务类业务。

- ◎ **交易类业务**：服务于二手车交易，主要目的是判定二手车的来历，为交易双方提供交易的参考价格等。
- ◎ **咨询服务类业务**：服务于非交易类业务，如资产评估（涉及车辆部分）、抵押贷款估价、法律咨询等。

 提示

> 交易类业务和咨询服务类业务一般都是有偿服务，其评估程序和作业内容并没有太大差别，但由于两者评估的目的不同，因此评估作业的侧重点也有所不同。例如，交易类业务评估的侧重点是二手车的来历、能否进入二手车市场流通及二手车的估价。

（六）二手车鉴定评估的依据和原则

1. 二手车鉴定评估的依据

二手车鉴定评估的依据包括理论依据、政策法规依据和价格依据。

- ◎ **理论依据**：二手车鉴定评估实质上属于资产评估的范畴，因此其理论依据是资产评估学的有关理论和方法。
- ◎ **政策法规依据**：二手车鉴定评估工作政策性较强，在操作中应遵守我国有关资产评估和机动车管理的政策法规。涉及二手车鉴定评估的政策法规主要有《国有资产评估管理办法》《国有资产评估管理办法实施细则》《机动车强制报废标准规定》《二手车流通管理办法》等。
- ◎ **价格依据**：主要分为历史依据和现时依据。前者主要是二手车的账面原值（原价）、净值（原价减去累计折旧）等资料，它具有一定的客观性，但不能作为估价的直接依据；后者是指在估价时以评估基准日的现时条件为准，即现时价格、现时车辆功能状态。

2. 二手车鉴定评估的原则

为了确保二手车鉴定评估结果的真实、准确，做到公正合理，被社会承认，二手车鉴定评估必须遵循以下原则。

- ◎ **客观性原则**：评估结果应以充分、客观的事实为依据。它要求对二手车进行鉴定评估时所依据的数据和资料必须真实可靠，以确保评估结果的客观性。
- ◎ **公正性原则**：在评估时应以公正的态度收集相关数据和资料，给出评估结果，而不受评估劳务费等因素的影响。按照国际惯例，二手车评估机构收取的劳务费应只与工作量相关，而不与被评估资产的价值挂钩。
- ◎ **独立性原则**：二手车鉴定评估机构和人员必须处于中立的立场对二手车进行评估，不受业务当事人的利益所影响。二手车鉴定评估机构应该是独立的社会公正性机构，不能隶属于二手车资产业务中的任何一方，从而在评估时不受有关利益方的干扰。
- ◎ **科学性原则**：在二手车鉴定评估过程中，必须依据评估目的，选用科学、合理的评估标准和评估方法，使评估结果准确合理。
- ◎ **专业性原则**：要求鉴定评估人员接受专业的职业培训，获得职业资格证书才能上岗，如二手车鉴定评估师证、机动车鉴定评估师证。

（七）二手车鉴定评估的程序

二手车鉴定评估的程序如图0-16所示。

1. 前期准备

前期准备工作是指开始二手车技术鉴定和价值评估前需要做的一系列工作，主要包括受理鉴定评估、查验可交易车辆（查验二手车是否合法）、签订委托书、登记车辆基本信息等。

2. 技术鉴定

技术鉴定工作主要是判别二手车是否为事故车，鉴定其技术状况（静态检查和动态检查）并填写《二手车鉴定评估作业表》或《二手车技术状况表》，给车辆拍照。技术鉴定是二手车鉴定评估中的重要环节，能够为后续的价值评估提供一系列的依据。

3. 价值评估

价值评估工作主要是选择正确的方法确定二手车成新率及对二手车价值进行估算等。

4. 撰写评估报告

在鉴定评估工作完成后，鉴定评估机构还需要向委托方和有关方面提交能够说明二手车鉴定评估过程和结果的书面报告，即二手车鉴定评估报告，并将评估报告及其附件与工作底稿独立汇编成册，存档备查。

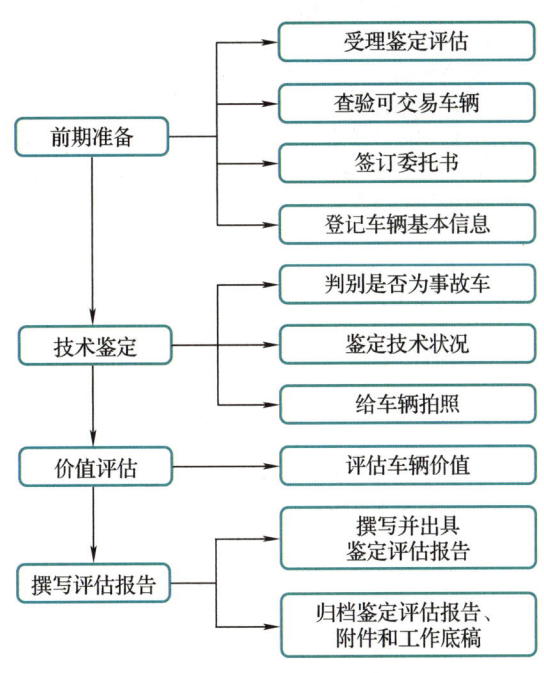

图0-16　二手车鉴定评估的程序

四、了解二手车鉴定评估师

二手车鉴定评估师是指能够运用目测、路试及借助相关仪器设备对二手车的技术状况进行鉴定，并根据评估目的，选用合适的评估标准和方法来确定二手车价值的专业鉴定评估人员。

（一）对二手车鉴定评估师的基本要求

1. 职业道德要求

热爱本职工作，遵守职业道德，具有较高的政治素质和法制观念，从事业务要保证公平、公开，不得利用职业之便损害国家、集体和个人利益。

2. 基础知识要求

二手车鉴定估价师应具备以下基础知识。

① 熟悉机动车结构和原理知识。

② 熟悉二手车价格及营销知识。

③ 熟悉机动车驾驶技术。

④ 熟悉国家关于二手车管理的政策法规。

（二）对二手车鉴定评估师的技能要求

对二手车鉴定评估师的技能要求如表0-5所示。

表0-5　对二手车鉴定评估师的技能要求

职业功能	工作内容	技能要求	相关知识
前期准备	接受委托（业务洽谈）	① 能文明用语、礼貌待客 ② 能介绍二手车鉴定评估程序 ③ 能介绍二手车鉴定评估方法 ④ 能通过与委托人洽谈，判断是否接受其二手车鉴定评估委托	① 社交礼仪 ② 二手车鉴定评估的基础知识 ③ 国家相关政策法规
前期准备	查验可交易车辆（核查证件、税费）	① 能核实被评估二手车的机动车来历凭证、机动车行驶证、机动车登记证书等是否合法有效 ② 能核实被评估二手车的税费缴纳情况	① 机动车证件种类及识别方法 ② 机动车税费种类及税费凭证识别方法
前期准备	签订委托书	能签订二手车鉴定评估委托书	二手车鉴定评估委托书内容
技术状况鉴定	静态检查	① 能根据资料核对二手车的基本情况 ② 能识别事故车辆 ③ 能检查车身技术状况 ④ 能检查发动机技术状况 ⑤ 能检查驾驶舱技术状况 ⑥ 能检查底盘技术状况	① 事故车静态检查方法 ② 车身静态检查方法 ③ 发动机静态检查方法 ④ 驾驶舱静态检查方法 ⑤ 底盘静态检查方法
技术状况鉴定	动态检查	① 能进行二手车的启动检查 ② 能进行二手车的路试检查	① 二手车制动性能检查方法 ② 二手车动力性能检查方法 ③ 二手车操纵性能检查方法 ④ 二手车滑行性能检查方法 ⑤ 二手车噪声和废气检查方法
技术状况鉴定	技术状况综合评定	① 能分析二手车的综合技术状况 ② 能判定二手车的技术鉴定分值和等级 ③ 能识读和填写《二手车鉴定评估作业表》和《二手车技术状况表》	① 二手车技术状况等级标准 ② 二手车技术状况检测项目、内容和分值标准 ③《二手车鉴定评估作业表》和《二手车技术状况表》内容及填写要求
技术状况鉴定	车辆拍照	能按要求对被评估二手车进行拍照	拍照技巧
价值评估	选择评估方法	能根据评估目的选定评估方法	评估方法分类
价值评估	评估计算	① 能用重置成本法评估二手车价值 ② 能用现行市价法评估二手车价值	① 重置成本法的计算模型和计算方法 ② 成新率的确定方法 ③ 现行市价法的评估流程和计算方法
价值评估	撰写二手车鉴定评估报告	① 能与委托方交流，确认签订评估结论 ② 能编写二手车鉴定评估报告 ③ 能归档二手车鉴定评估报告	二手车鉴定评估报告的内容和撰写要求

（三）二手车鉴定评估师的岗位职责

二手车鉴定评估师的岗位职责如下。

① 接待二手车交易客户，受理客户鉴定评估的委托。

② 接受客户对二手车交易的咨询，引导客户合法交易。

③ 负责检查二手车交易的各种证件。

④ 负责收集二手车鉴定评估的政策法规资料、车辆技术资料和市场价格信息资料。

⑤ 负责二手车的技术鉴定及价值估算。

⑥ 不准盗抢、走私、非法拼装、报废车辆进场交易。

⑦ 负责报告二手车鉴定评估结果，与客户商定确认评估值。

⑧ 撰写二手车鉴定评估报告，指导资料员存档。

⑨ 协助领导做好有关二手车鉴定评估的其他工作。

项目一
前期准备

项目导读

二手车鉴定评估的前期准备工作包括业务洽谈、查验可交易二手车、签订二手车鉴定评估委托书、制订二手车鉴定评估作业方案等。做好前期准备能够为鉴定评估工作的顺利进行奠定良好的基础。

学习目标

1. 了解二手车鉴定评估业务洽谈的目的和内容,能够在实践中规范地进行业务洽谈,掌握二手车车主和二手车的必要信息,并初步做出是否接受鉴定评估委托的决定。

2. 熟悉查验二手车合法性的相关证明和凭证,能够在实践中通过查验二手车法定证件和完税凭证等,判断二手车能否进行交易,能否进行鉴定评估。

3. 了解二手车鉴定评估委托书的内容和格式要求,能够在实践中规范地签订二手车鉴定评估委托书。

4. 了解二手车鉴定评估的作业流程,能够根据实际情况制订二手车鉴定评估作业方案。

素质目标

1. 激发爱党、爱国、爱社会主义的巨大热情。
2. 树立客观、严谨、细致的工作作风。
3. 弘扬爱岗敬业、忠于职守的职业精神。
4. 树立技能成才、技能报国的人生理想。

任务一　业务洽谈

情景导入

王先生想把自己开了两年的汽车放在二手车市场卖掉，于是到一家二手车鉴定评估机构进行车辆鉴定和价格评估，实习生刘东接待了他。刘东与王先生进行了交谈，了解了王先生的基本情况、车辆评估目的及车辆的一些基本情况，并及时将了解到的信息记录下来。负责指导刘东的鉴定评估师老李看到他记录的内容，连连称赞他获得的信息很充分，这对鉴定评估工作帮助很大。

业务洽谈即受理鉴定评估，是二手车鉴定评估前期准备中必不可少的一项工作。想要通过业务洽谈获得有用的信息，就必须掌握业务洽谈中需要向委托人了解的具体内容有哪些，以及洽谈过程中需要注意的事项。

相关知识

一、业务洽谈目的

业务洽谈是承接二手车鉴定评估业务的第一步，其主要目的是了解车主（车辆拥有单位或个人）的基本情况、委托评估的目的、希望的评估基准日和完成评估的时间、车辆基本情况等，以初步做出是否接受鉴定评估委托的决定。若决定接受鉴定评估委托，则可根据委托人的要求确定评估流程和方法。

二、业务洽谈内容

（一）车主基本情况

车主即二手车所有人，是指拥有车辆所有权的单位或个人。二手车鉴定评估人员所需了解的车主基本情况主要有以下两点。

1. 委托人是否为车主

鉴定评估人员接受委托前应了解委托人是否是车主。若委托人是车主，则有车辆处置权；若委托人不是车主，鉴定评估人员还应进一步查看有车主签名的处置委托书及委托人身份证明。若委托书及委托人身份无误，则委托人具有车辆处置权；否则，无车辆处置权。

2. 车主基本信息

确定委托人身份后，二手车鉴定评估人员还应了解车主单位名称（或个人姓名）、隶属关系、所在地、联系方式等。

（二）委托评估目的

委托评估目的是指二手车鉴定评估所服务的具体经济行为类型。常见的二手车委托评估目的包括：① 为交易或拍卖提供参考底价；② 为抵押贷款作价；③ 为司法裁决提供价格依据；④ 在企业或个人发生产权变动时提供咨询服务；⑤ 识别非法车辆，严禁非法车辆流入市场。二手车鉴定评估人员应根据委托评估目的，选择合适的评估流程和方法。

> 一般来讲，委托二手车鉴定评估机构评估车辆的大多数属于交易类业务，车主要求评估的目的大多是希望获得买卖双方成交的参考底价。

（三）评估基准日和完成评估的时间

评估基准日是指确定二手车价值的时间点（一般具体到日）。由于市场上的二手车价格会随时间的延长而产生波动，因此二手车鉴定评估人员应根据专业知识和经验，建议委托人根据评估目的、二手车和市场的变化情况等因素合理地选择评估基准日。

完成评估的时间，要根据委托人的要求和评估流程等因素来综合确定。

（四）评估对象基本情况

评估对象是指被评估的车辆。二手车鉴定评估人员应对被评估车辆的相关信息进行详细询问，具体内容包括以下方面。

① 二手车类别：车辆是乘用车还是商用车等。

② 二手车品牌、型号、生产厂家和出厂日期。

③ 二手车初次注册登记日期和行驶里程。

④ 过去交易情况：车辆是第几次交易。对于第一次交易的车辆，应了解其新车来历，是市场上购买，还是走私罚没处理或是捐赠免税车等。

⑤ 车籍：车辆注册登记、牌证发放地。

⑥ 使用性质：车辆是私人用车、公务用车、商务用车、专业运输车或出租营运车等。

⑦ 手续是否齐全，是否年检并按期投保。

⑧ 事故情况：车辆是否发生过事故，发生事故的位置，更换过的主要部件和总成情况。

⑨ 有无大修，大修次数等。

⑩ 选装件情况：车辆是否加装音响、真皮座椅、内饰等选装件；其他与基本配置的差异等。

对上述基本情况了解清楚后，鉴定评估人员可以初步做出是否接受委托的决定。若不能接受委托，应向委托人说明原因；若考虑接受委托，则还需要进一步查验车辆相关证件的合法性。

项目一　前期准备

任务实训——二手车委托评估业务洽谈

将每两名学生组合为一个小组，分别扮演委托人及二手车鉴定评估人员，模拟业务接待洽谈现场，进行二手车委托评估业务洽谈，完成表1-1所示的工作单。

提示

本书配套素材中提供了所有任务实训的电子版工作单（作业表）、考核表和相关文件的规范模板，学生可下载并打印，方便填写和上交。

表1-1　二手车委托评估业务洽谈工作单

班级		姓名		学号	

1. 请描述你所了解到的车主的基本情况。

2. 请描述车主委托鉴定评估的目的。

3. 请描述委托鉴定评估的二手车的基本情况。
   ① 二手车的类别：_____。
   ② 二手车品牌：_____；型号：_____。
   ③ 二手车生产厂家：_____；生产日期：_____。
   ④ 二手车初次注册登记日期：_____；行驶里程：_____。
   ⑤ 新车来历：_____。
   ⑥ 车籍：_____。
   ⑦ 使用性质：_____。
   ⑧ 手续是否齐全（如不齐全，请记录缺少的相关材料种类）：_____。
   ⑨ 是否进行了年检（如果没进行年检，请记录原因）：_____。

4. 请记录你还了解到的其他信息。

5. 是否达成委托鉴定评估意向？ □是　□否
   如果达成委托鉴定评估意向，请记录车主要求的鉴定评估基准日、完成评估的时间及期望的价格。

   如果没有达成委托鉴定评估意向，请记录原因。

6. 自我评价（个人技能掌握程度）：□非常熟练　□比较熟练　□一般熟练　□不熟练
   教师评语（包括工作单填写情况，语言表达、态度及沟通技巧等方面，并按百分制给出成绩）：

   成绩：_____
   教师签字：_____
   _____年_____月_____日

笔记

_____
_____
_____
_____
_____

 旗帜引领

加快交通物流园建设，助力二手车出口

2021年10月29日，在新疆霍尔果斯市南部产业园交通物流园（以下简称霍尔果斯交通物流园），工人们正在抓紧施工，确保项目如期完工。

霍尔果斯交通物流园项目规划用地300亩，总投资3亿元，建设内容包括车辆检测区、汽车物流区、海关监管区、车辆拆解整备区、农机展示区、农产品销售区、商务办公区和一站式综合服务区等。

霍尔果斯交通物流园建设项目负责人李文超说："霍尔果斯交通物流园建设项目目前服务用房、拆解厂、海关监管库、展厅和检测线大厅主体已完工50%左右，环检线、维护车间、外检线、安检线主体基本完成。目前，130名工人正在抓紧施工，预计2022年7月完成建设任务，达到竣工验收标准，交付使用后，可开展二手车交易及出口业务，霍尔果斯市的车辆都可以在这里检测。"

汽车产业是国民经济的战略性、支柱性产业，相关政策受到社会各界高度关注。2019年，全国二手车出口工作的启动是中国汽车产业出口史上具有里程碑意义的重大事件。开展二手车出口是做好外贸稳增长工作的重要举措，也是深化"一带一路"倡议、推动外贸高质量发展的重要途径，商务部会同公安部、海关总署连续下发4个文件，解决了转移、注销、通关等政策障碍。

霍尔果斯市海关监管一科副科长郭家瑞说："我们积极协调对接口岸相关部门，优化出口二手车整体通关流程，开辟专用通道、设立专人专岗，助力'界桥交接'模式充分发挥，保障出口二手车即到即验即放，增强企业扩大出口的信心。"

随着"一带一路"倡议的纵深推进，沿线国家间经济、政治、文化交流日益深化，霍尔果斯市作为丝绸之路经济带核心区的重要节点，"外引内联、东联西出、西来东去"的便利和"两种资源、两个市场"的优势将会不断彰显。

（资料来源：天山网，有改动）

任务二　查验可交易二手车

情景导入

刘东接待了一位委托鉴定评估二手车的客户。在交谈时，委托人说这辆车是他从一个二手车商那里买来的，开了一年之后想换新车，所以要把这辆车卖掉。刘东询问了相关情况后，要查验此车的相关证件，但委托人说他买这辆车时为了少花钱，没有开二手车销售发票。刘东心想，反正之后还要对这辆车进行技术检查，这辆车有什么问题应该也能检查出来，因此便接受了对方的委托。

这辆车经鉴定评估后便被放在了二手车市场上出售，可是不久公安机关就追查到此车是一辆被盗车，于前一段时间被一个盗车团伙所盗，而该委托人便是团伙中负责销赃的人员。最终，刘东因自己工作的疏忽而被追究了责任，给自己及所在的二手车鉴定评估机构造成了麻烦和损失。

查验二手车相关证件是确定二手车"身份"及"履历"的重要工作，其目的是查验二手车是否合法，是否可进行交易。对于不可交易的车辆，不能对其进行鉴定评估，否则就可能遇到上述案例中的情况。

相关知识

一、如何查验可交易二手车

在签订二手车鉴定评估委托书前，二手车鉴定评估人员需要通过查验机动车来历证明、机动车登记证书、机动车行驶证、机动车安全技术检验合格标志、车辆购置税完税证明、车船使用税缴付凭证、车辆保险单等法定证明、凭证是否齐全且有效，来判断二手车是否可进行交易，不可交易的二手车不能对其进行鉴定评估，并视情况报告公安机关等执法部门。

二手车鉴定评估人员可根据表1-2和下列说明，来判断是否可以对二手车进行鉴定评估，以及是否需要报告公安机关等执法部门。

表1-2　可交易车辆判别表

序号	检查项目	判别
1	是否达到国家强制报废标准	Y否　N是
2	是否为抵押期间或海关监管期间的车辆	Y否　N是
3	是否为人民法院、检察院、行政执法等部门依法查封、扣押期间的车辆	Y否　N是
4	是否为通过盗窃、抢劫、诈骗等违法犯罪手段获得的车辆	Y否　N是
5	发动机号与机动车登记证书中登记的号码是否一致，且无凿改痕迹	Y是　N否
6	车辆识别代号（VIN）与机动车登记证书中登记的号码是否一致，且无凿改痕迹	Y是　N否
7	是否为走私、非法拼组装车辆	Y否　N是
8	是否为法律法规禁止经营的车辆	Y否　N是

① 如果发现上述法定证明、凭证不全，或表1-2中的任何一项检查项目判别为"N"的二手车，应告知委托方，不能进行技术鉴定和价值评估（司法机关委托等特殊要求的除外）。

② 如果发现法定证明、凭证不全，或者表1-2中第1项、第4项至第8项任意一项判别为"N"的二手车，应及时报告公安机关等执法部门。

表1-2所列的检查项目中，第1项"是否达到国家强制报废标准"可参考本书绪论"二、了解报废、拼装与改装汽车"的内容来判断；其他项可通过查验机动车法定证件、机动车主要税费凭证等来判断。

二、机动车来历证明

机动车来历证明是二手车来源的合法证明。通过查验机动车来历证明可以及时发现该车是否合法，是否为涉案车辆。查验时还可向公安机关交通管理部门查询车辆是否为通过盗抢、诈骗等违法犯罪手段获得。

二手车鉴定评估机构应拥有各类机动车来历证明样本，以便鉴定评估人员进行对比鉴别。二手车的来源及相应的来历证明如下。

① 在国内或国外购买的机动车。

在国内购买的机动车，其来历证明可分为新车来历证明和二手车来历证明。

◎ **新车来历证明**：经国家市场监督管理机关验证（加盖验证章）的机动车销售统一发票（即原始购车发票，见图1-1）。在购买新车时，通常可在当地的市场监督管理局机动车市场管理分局办理验证手续。

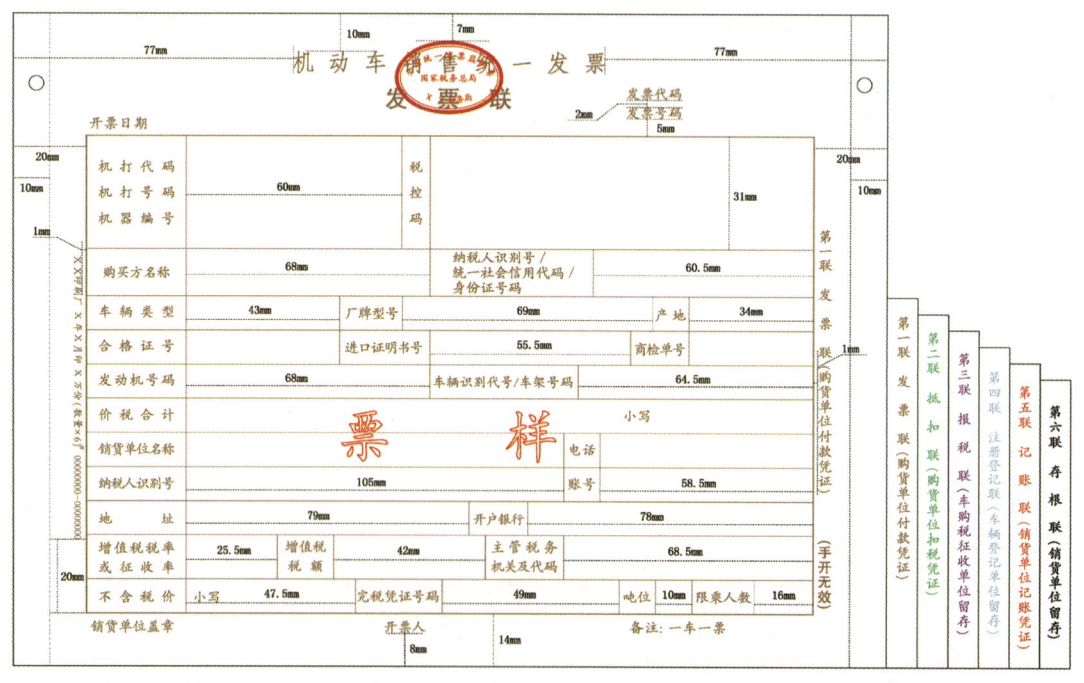

图1-1　机动车销售统一发票票样

◎ **二手车来历证明**：经国家市场监督管理机关验证（加盖验证章）的二手车销售统一发票（见图1-2）。二手车交易发票反映了该车是一辆曾经交易过的合法二手车。

在国外购买的机动车，其来历证明是该车销售单位开具的销售发票及其翻译文本。

图1-2　二手车销售统一发票票样

② 经人民法院调解、裁定或者判决转移的机动车。

此类机动车的来历证明是人民法院出具的已经生效的《调解书》《裁定书》《判决书》及相应的《协助执行通知书》。

③ 仲裁机构仲裁裁决转移的机动车。

此类机动车的来历证明是《仲裁裁决书》和人民法院出具的《协助执行通知书》。

④ 继承、赠与、中奖和协议抵偿债务的机动车。

此类机动车的来历证明是继承、赠与、中奖和协议抵偿债务的相关文书和公证机关出具的《公证书》。

⑤ 资产重组或者资产整体买卖中包含的机动车。

此类机动车的来历证明是资产主管部门的批准文件。

⑥ 国家机关统一采购并调拨到下属单位的未注册登记的机动车。

此类机动车的来历证明是全国统一的机动车销售发票和机动车所属单位出具的调拨证明。

⑦ 国家机关已注册登记并调拨到下属单位的机动车。

此类机动车的来历证明是机动车所属单位出具的调拨证明。

⑧ 经公安机关破案发还的被盗抢且已向原机动车所有人理赔完毕的机动车。

此类机动车的来历证明是保险公司出具的《权益转让证明书》。

⑨ 更换发动机、车身、车架的机动车。

此类机动车的来历证明是销售单位或者修理单位开具的发票。

> 提示
>
> 查验机动车来历证明是为了杜绝盗抢车、走私车、拼装车和报废车的非法交易，避免二手车交易市场成为非法车辆销赃的场所，切实维护消费者的合法权益。

三、机动车法定证件

核查机动车的法定证件

机动车的法定证件主要有机动车行驶证、机动车登记证书、机动车号牌、道路运输经营许可证、机动车检验合格标志和营运车辆综合性能检测合格标志等。

（一）机动车行驶证

机动车行驶证是由公安机关交通管理部门依法对机动车进行注册登记所核发的证件，如图1-3所示。它是机动车取得合法行驶权的凭证，由证夹、主页和副页组成。其中，主页正面记载了机动车号牌号码、车辆类型、所有人、发动机号码、车辆识别代号（VIN）等信息；主页背面是机动车照片；副页记载了机动车整备质量、外廓尺寸、检验记录等信息。

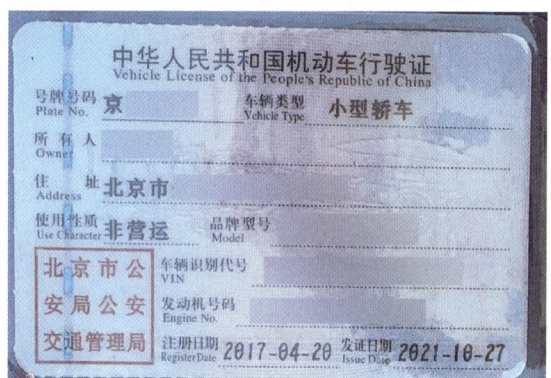

（a）主页正面

（b）主页背面

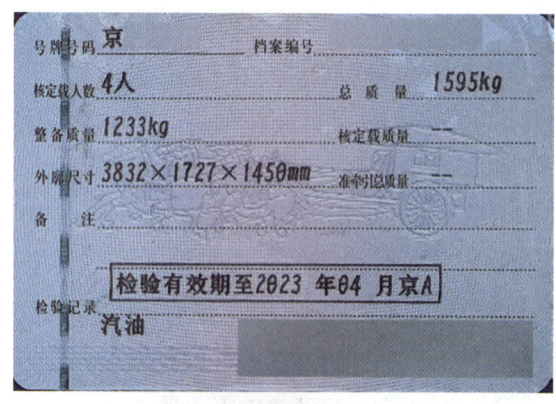

（c）副页

图1-3　机动车行驶证

在二手车鉴定评估的手续检查中，机动车行驶证也是验证二手车合法性的凭证之一。对机动车行驶证的查验主要包括以下几个方面。

① 机动车行驶证是否有改动、涂抹等情况，是否是伪造的。

② 机动车所有人是否与机动车行驶证上登记的一致。

③ 机动车行驶证上的号牌号码、车辆识别代号（VIN）、发动机号与车辆实物是否一致。

④ 机动车颜色与车身装置是否与机动车行驶证上登记的照片一致。

（二）机动车登记证书

机动车登记证书也是由公安机关交通管理部门核发和管理的，它是机动车所有权的法律证明，相当于机动车的"户口本"，其上记载了机动车的详细信息及机动车所有人的身份信息，如图1-4所示。当机动车所有权发生转移时，机动车新所有人须到车辆管理机关办理转移登记手续，将登记证书上的机动车原所有人变更为新所有人。

（a）封面

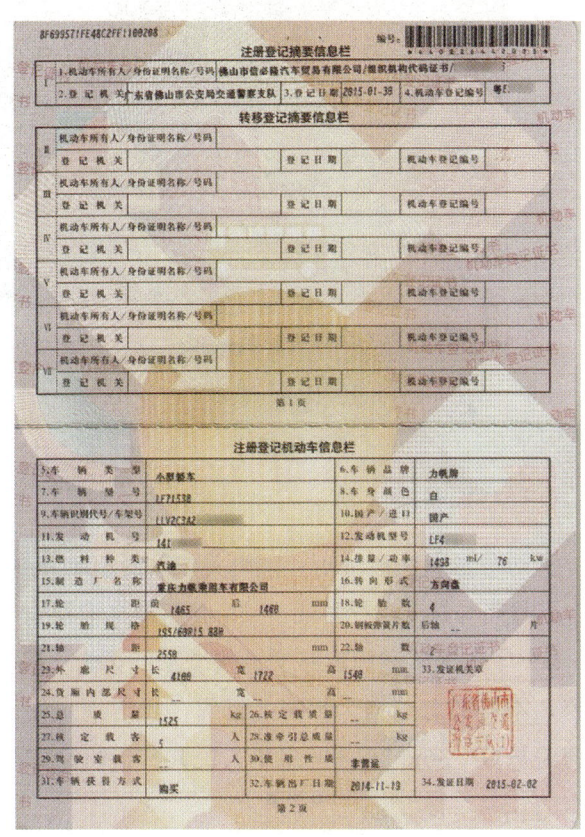

（b）内容

图1-4　机动车登记证书

机动车登记证书既是验证二手车产权合法性的重要凭证，同时，其上记载的信息又是对二手车进行鉴定评估的重要数据来源（如使用性质、国产/进口、排量/功率等），因此机动车登记证书是二手车鉴定评估人员必须认真查验的资料。

对机动车登记证书的查验主要包括以下几个方面。

① 对比样本判断真伪，查验机动车登记证书是否是伪造的或改动过的。

② 查验机动车登记证书上记录的车辆信息与被评估车辆实物是否完全一致，且无凿改痕迹。

> 提示
>
> 对于抵押期间的车辆，机动车登记证书会被金融机构扣留，直到贷款结清才归还，因此可通过查验车辆是否有机动车登记证书，或机动车登记证书上是否有注销抵押章，来判断其是否为抵押车辆。
>
> 对于被人民法院、检察院、行政执法等部门依法查封、扣押期间的车辆，或走私、非法拼装车辆，可通过查验其是否有机动车登记证书，机动车登记证书上的信息是否与实物一致，或机动车登记证书是否为伪造来判断。对于通过盗窃、抢劫、诈骗等违法犯罪手段获得的车辆，还可通过车管所、派出所等查询相关信息。
>
> 查验车辆发动机号、车辆识别代号（VIN）与机动车行驶证和机动车登记证书上的号码是否一致，且无凿改痕迹时，首先是查验一致性，然后查验是否有凿改痕迹（见图1-5和图1-6）。
>
> 　　
>
> 　图1-5　凿改过的发动机号（数字3被改为8）　　图1-6　凿改过的车辆识别代号

（三）机动车号牌

机动车号牌是由车辆管理机关依法对机动车进行注册登记核发的号牌。它和机动车行驶证一同核发，其号码与机动车行驶证一致，是机动车取得合法行驶权的标志。

《中华人民共和国道路交通安全法》第十一条规定，机动车号牌应当按照规定悬挂，并保持清晰、完整，不得故意遮挡、污损。目前，我国规定使用的机动车号牌是按GA 36—2018《中华人民共和国机动车号牌》标准制作的。

（四）道路运输经营许可证

道路运输经营许可证是道路运输管理部门对从事旅客运输（包括城市出租客运）、货物运输的单位和个人核发的随车携带的证件，如图1-7所示（非营运车辆无须此证）。营运车辆转籍过户时，应到道路运输管理部门办理营运过户有关手续。

图1-7　道路运输经营许可证

（五）机动车检验合格标志和营运车辆综合性能检测合格标志

1. 机动车检验合格标志

机动车必须定期进行安全技术检验，检验合格后，由公安机关交通管理部门发放合格标志，如图1-8所示。《中华人民共和国道路交通安全法实施管理条例》第十三条规定，机动车检验合格标志应贴在机动车前挡风玻璃右上角位置。若机动车无检验合格标志或标志无效（如过期），则不能进行交易。

> **注意**
>
> 我国已于2016年取消了机动车环保检验合格标志的核发，但这并不意味着取消了机动车尾气排放的检测。对未定期进行尾气排放检测或排放检测不合格的机动车，不予出具机动车检验合格标志。

2. 营运车辆综合性能检测合格标志

凡在我国境内从事客、货运的营运车辆，每年须通过营运车辆综合性能检测站的检测，检测合格后由道路运输管理部门核发营运车辆综合性能检测合格标志，如图1-9所示。该标志应按要求贴在营运车辆前挡风玻璃右上角位置。如果营运车辆无综合性能检测合格标志或标志无效，则不能进行交易。

图1-8　机动车检验合格标志

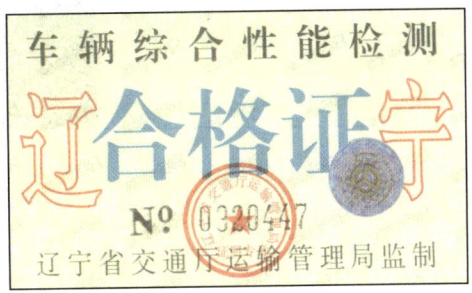

图1-9　营运车辆综合性能检测合格标志

四、机动车主要税费缴付凭证

《二手车流通管理办法》规定，二手车交易必须提供车辆购置税、车船税和机动车保险费等税费缴付凭证。

（一）车辆购置税完税证明

车辆购置税是对中华人民共和国境内购置应税车辆的单位和个人所征收的一种税，其目前是按应税车辆计税价格的10%计征，由车辆登记注册地的主管税务机关征收。

纳税人缴纳车辆购置税后，由税务机关核发《车辆购置税完税证明》。该证明既是纳税人缴纳车辆购置税的证明，又是车辆管理机关为车辆进行注册登记，办理牌照的依据。根据相关政策规定，没有

《车辆购置税完税证明》的车辆,车辆管理机关不得为其办理注册登记手续。因此,《车辆购置税完税证明》也是检验二手车合法性的重要凭证。

自2019年7月1日起,按照《中华人民共和国车辆购置税法》的规定,在全国范围内实施车辆购置税电子版完税证明,如图1-10(a)所示。纳税人缴纳车辆购置税时,税务机关不再出具纸质车辆购置税完税证明,如图1-10(b)所示。

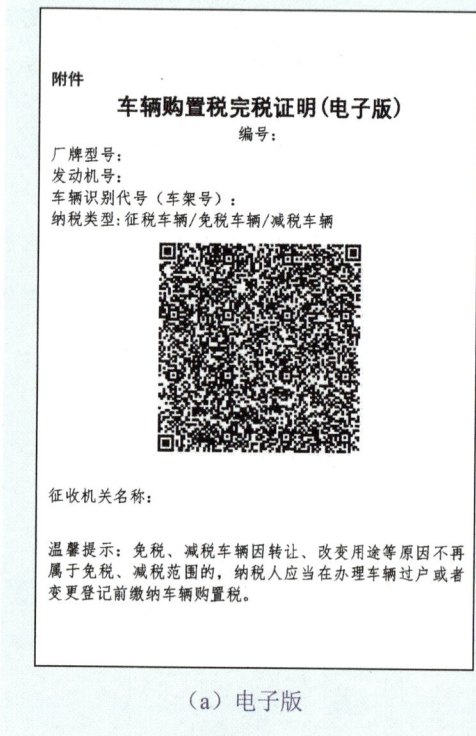

(a)电子版　　　　　　　　　　　(b)纸质版

图1-10　车辆购置税完税证明

(二)车船税完税凭证

车船税征收依据是2012年1月1日起实施、2019年4月23日修正的《中华人民共和国车船税法》。《中华人民共和国车船税法》中所规定的车辆、船舶(以下简称车船)的所有人或者管理人,为车船税的纳税人,应当依法缴纳车船税。目前,保险机构可代收代缴车船税并将车船税完税凭证体现在其出具的发票或机动车保险单上。

(三)机动车保险单

机动车保险单(见图1-11)是机动车所有人向保险公司缴纳保险费后,由保险公司出具的凭证。为机动车办理保险的目的是在机动车发生意外事故时转嫁风险,避免发生较大的财产损失。

图 1-11 机动车保险单（附车船税完税凭证）

我国机动车保险险种分为交强险和商业险两大类。

1. 交强险

交强险即机动车交通事故责任强制保险,是我国强制实行的保险险种。没有投保交强险的新车,车辆管理机关不予发放牌证。鉴定评估人员应重点查验车辆上是否贴有机动车交强险标志及相关信息是否有效,其标志式样如图1-12所示。

(a)正面

(b)反面

图1-12 交强险标志式样

知识拓展

认识交强险

交强险是我国首个由法律规定实行的强制保险险种。《机动车交通事故责任强制保险条例》(以下简称《条例》)规定:交强险是指由保险公司对被保险机动车发生道路交通事故造成受害人(不包括本车人员和被保险人)的人身伤亡、财产损失,在责任限额内予以赔偿的强制性责任保险。

《条例》规定,公安机关交通管理部门、机动车管理部门应当依法对机动车参加交强险的情况实施监督检查。对未参加交强险的机动车,机动车管理部门不得予以登记,机动车安全技术检验机构不得予以检验。

上道路行驶的机动车未放置交强险标志的,公安机关交通管理部门应当扣留机动车,通知当事人提供交强险标志或者补办相应手续,可以处警告或者20元以上200元以下罚款。

使用伪造、变造的交强险标志,或者使用其他机动车的交强险标志,由公安机关交通管理部门予以收缴,扣留该机动车,并处200元以上2 000元以下罚款。

2. 商业险

商业险是可以自愿选择是否投保的险种,可分为基本险和附加险两大类。基本险是指可以单独投保和承保的险别。附加险不能单独投保和承保,投保人只能在投保基本险的基础上,根据自己的需要选择投保。

(1)基本险

基本险又称主险,具体险种包括车辆损失险、第三者责任险和车辆盗抢险等。

① 车辆损失险是指在保险期间内,被保险机动车遭受保险责任范围内的自然灾害(不包括地震)或

意外事故，造成被保险机动车本身损失，保险人（保险公司）依据保险合同的规定给予赔偿的保险。

② 第三者责任险是指在保险期间内，被保险人或其允许的合法驾驶人在使用被保险机动车过程中发生意外事故，致使第三者遭受人身伤亡或直接财产损失，保险人依据保险合同的规定给予赔偿的保险。第三者责任险的赔偿范围与交强险类同，并不包括被保险机动车车内的人员和被保险人。

③ 车辆盗抢险全称为机动车全车盗抢险，其保险责任为全车被盗窃、抢夺造成的车辆损失，以及车辆在被盗窃、抢夺期间受到损坏或车上零部件、附属设备丢失需要修复的合理费用。

（2）附加险

附加险包括车上责任险、无过失责任险、车载货物掉落责任险、玻璃单独破碎险、车辆停驶损失险、自燃损失险、新增设备损失险和不计免赔特约险等。

任务实训——查验二手车证件

一、准备工作

将学生分组，为每组学生准备好二手车及二手车法定证明材料（可以不全）的样本。

二、实训方法

学生针对现场二手车，逐项检查各项证明材料，并完成表1-3所示的工作单。

表1-3 二手车证件查验考核工作单

班级		姓名		学号	
1. 你所查验的车辆是否有来历证明？□有　□没有 　① 如果有来历证明，则其真伪？□真　□伪 　② 如果没有来历证明，原因是＿＿＿＿＿＿＿＿＿＿＿＿＿＿＿＿＿＿＿＿。是否可以补办？□是　□否 　　a. 如果可以补办，理由是＿＿＿＿＿＿＿＿＿＿＿＿＿＿＿＿＿＿＿＿＿＿＿＿＿＿＿＿＿＿＿＿。 　　b. 如果不能补办，理由是＿＿＿＿＿＿＿＿＿＿＿＿＿＿＿＿＿＿＿＿＿＿＿＿＿＿＿＿＿＿＿＿。 　　　你应该采取的措施是＿＿＿＿＿＿＿＿＿＿＿＿＿＿＿＿＿＿＿＿＿＿＿＿＿＿＿＿＿＿＿＿。					
2. 你所查验的车辆是否有机动车行驶证？□有　□没有 　① 如果有机动车行驶证，则其真伪？□真　□伪 　② 如果没有机动车行驶证，原因是＿＿＿＿＿＿＿＿＿＿＿＿＿＿＿＿＿＿＿。是否可以补办？□是　□否 　　a. 如果可以补办，理由是＿＿＿＿＿＿＿＿＿＿＿＿＿＿＿＿＿＿＿＿＿＿＿＿＿＿＿＿＿＿＿＿。 　　b. 如果不能补办，理由是＿＿＿＿＿＿＿＿＿＿＿＿＿＿＿＿＿＿＿＿＿＿＿＿＿＿＿＿＿＿＿＿。 　　　你应该采取的措施是＿＿＿＿＿＿＿＿＿＿＿＿＿＿＿＿＿＿＿＿＿＿＿＿＿＿＿＿＿＿＿＿。					
3. 你所查验的车辆是否有机动车登记证书？□有　□没有 　① 如果有机动车登记证书，则其真伪？□真　□伪 　② 如果没有机动车登记证书，原因是＿＿＿＿＿＿＿＿＿＿＿＿＿＿＿＿＿＿。是否可以补办？□是　□否 　　a. 如果可以补办，理由是＿＿＿＿＿＿＿＿＿＿＿＿＿＿＿＿＿＿＿＿＿＿＿＿＿＿＿＿＿＿＿＿。 　　b. 如果不能补办，理由是＿＿＿＿＿＿＿＿＿＿＿＿＿＿＿＿＿＿＿＿＿＿＿＿＿＿＿＿＿＿＿＿。 　　　你应该采取的措施是＿＿＿＿＿＿＿＿＿＿＿＿＿＿＿＿＿＿＿＿＿＿＿＿＿＿＿＿＿＿＿＿。					

表1-3（续）

4. 你所查验的车辆是否有机动车号牌？□有 □没有
   ① 如果有机动车号牌，则其真伪？□真 □伪
   ② 如果没有机动车号牌，原因是_____。是否可以补办？□是 □否
      a. 如果可以补办，理由是_____。
      b. 如果不能补办，理由是_____
         你应该采取的措施是_____。

5. 你所查验的车辆各类检验标志（包括交强险标志）是否齐全？□齐全 □不齐全
   ① 如果齐全，是否有伪造的？□有 □无。伪造的标志是_____
      你应该采取的措施是_____。
   ② 如果不齐全，缺少的是_____。是否可以补办？□是 □否
      a. 如果可以补办，理由是_____。
      b. 如果不能补办，理由是_____
         你应该采取的措施是_____。

6. 你所查验的车辆各类税费凭证是否齐全？□齐全 □不齐全
   ① 如果齐全，是否有伪造的？□有 □无。伪造的凭证是_____
      你应该采取的措施是_____。
   ② 如果不齐全，缺少的是_____。是否可以补办？□是 □否
      a. 如果可以补办，理由是_____。
      b. 如果不能补办，理由是_____
         你应该采取的措施是_____。

7. 你所查验的车辆是否可以进行鉴定评估？□可以 □不可以
   ① 如果可以进行鉴定评估，理由是_____
   ② 如果不能进行鉴定评估，理由是_____

8. 自我评价（个人技能掌握程度）：□非常熟练 □比较熟练 □一般熟练 □不熟练
   教师评语（包括查验的方法、全面性、准确性等方面，并按百分制给出成绩）：

成绩：_____

教师签字：_____

____年____月____日

旗帜引领

数字化检测系统助力二手车消费

2021年底，重庆市二手车经销企业家联合会（以下简称重庆二手车商会）与二手车专业检测机构268V战略合作签约，200余家会员企业将陆续引入268V二手车检测系统，破解二手车消费痛点，让消费者购车更便捷、更放心。

重庆二手车消费市场巨大。数据显示，尽管受疫情影响，但重庆二手车市场增速较快，销量已超过新车，占汽车销售总量的54%。去年重庆二手车交易量34.27万辆，同比增长

14.1%。然而，二手车"一车、一况、一价"，消费者对真实车况的担忧，是二手车市场进一步发展的主要障碍。借助268V的数字化检测技术，让二手车检测标准变得更明确，让车况更透明。通过268V提供的检测报告，消费者在购买二手车时可以看到真实的车况，从而促进交易。

268V负责人介绍，其AI云检测解决方案，基于智能检测模型，以数据分析代替主观经验，可以自动完成检测工作，并出具标准化检测报告，能够在最大程度降低检测过程中人为影响因素的同时，实现高效的车辆智能检测。

"我们目前有多类产品可供消费者选择，车辆检测项目最多达477项，检测后生成268V认证评估报告，消费者通过报告可以了解车辆的技术状况、行驶距离、修复经历等信息。"负责人说。

目前，重庆二手车商会200余家会员企业将陆续引入268V二手车检测系统，旨在破解二手车消费痛点，让消费者购车更便捷、更放心。

（资料来源：时代周报，有改动）

任务三　签订二手车鉴定评估委托书

情景导入

某二手车鉴定评估机构的评估人员张波接待了一位委托鉴定评估二手车的客户。这位客户是张波的朋友，觉得签二手车鉴定评估委托书太麻烦，便问张波能否不签委托书而直接鉴定评估。张波心想这是自己的朋友，给他鉴定就当帮一个忙了，便没有与朋友签订委托书。张波的领导得知此事后，批评了张波，告诉他在不签订委托书的情况下，如果车辆出现问题，就可能会给客户和二手车鉴定评估机构都造成损失，因为这样做没有法律的保障。张波听后意识到了自己的错误，让他的朋友找时间过来签订了委托书。

二手车鉴定评估委托书是委托方和受托方之间的契约，是保障双方利益的重要文件。二手车鉴定评估委托书的概念、内容和填写方法，是二手车鉴定评估人员必须掌握的知识和技能。

相关知识

一、二手车鉴定评估委托书的概念

二手车鉴定评估人员查验二手车相关证件并确认无误，确定接受鉴定评估委托后，应在开始鉴定评估前与委托人签订二手车鉴定评估委托书。二手车鉴定评估委托书又称二手车鉴定评估委托合同，是二手车鉴定评估机构与二手车鉴定评估委托人之间，为实现二手车鉴定评估目的，明确双方权利、责任和义务所订立的协议,是一项具有经济合同性质的契约,具有法律效力。

注 意

> 涉及国有资产占有单位要求申请立项的二手车鉴定评估业务,应由委托方提供国有资产管理部门关于评估立项申请的批复文件,经核实后,方能接受委托,签署委托书。

二、二手车鉴定评估委托书的内容

二手车鉴定评估委托书必须符合国家法律、法规和资产评估的管理规定,其常见形式如下。

二手车鉴定评估委托书

委托书编号:_____

委托方名称(姓名):	鉴定评估机构名称:
法人代码证(身份证):	法人代码证:
委托方地址:	鉴定评估机构地址:
联系人:	联系人:
电话:	电话:

因 □交易 □典当 □拍卖 □置换 □抵押 □担保 □咨询 □司法裁决 □其他(须明注)需要,委托人与受托人达成委托关系,号牌号码为_____,车辆类型为_____,车辆识别代号(VIN码)/车架号为_____的车辆进行技术状况鉴定并出具评估报告书,_____年_____月_____日前完成。

委托评估车辆基本信息

车辆情况	厂牌型号			使用用途		营运□ 非营运□
	总质量/座位/排量			燃料种类		
	注册登记日期	年 月 日		车身颜色		
	已使用年限	年 个月		累计行驶里程(万千米)		
	大修次数	发动机(次)		整车(次)		
	维修情况					
	事故情况					
价值反映	购置日期	年 月 日		原始价格(元)		
备注:						

委托方:(签字、盖章) 　　　　　　　　　　　　受托方:(签字、盖章)

　年　月　日 　　　　　　　　　　　　　　　　　　　　　　　年　月　日

1. 委托方保证所提供的资料客观真实，并负法律责任。
2. 仅对车辆进行鉴定评估。
3. 评估依据：《机动车运行安全技术条件》(GB 7258)、《二手车鉴定评估技术规范》(GB/T 30323)等。
4. 评估结论仅对本次委托有效，不可用作其他用途。
5. 鉴定评估人员与有关当事人没有利害关系。
6. 委托方如对评估结论有异议，可于收到《二手车鉴定评估报告》之日起10日内向受托方提出，受托方应给予解释。

二手车鉴定评估委托书中应写明的内容包括以下几项。

① 委托书编号。为了方便存档时的归类、整理和查阅，二手车鉴定评估机构应为每份二手车鉴定评估委托书确定唯一编号。

② 基本信息。委托方的基本信息应根据其身份证上的信息或工商注册登记的信息（委托方为机构时）填写。联系人一栏要确保其与委托方的关联性，所填电话要进行核对。鉴定评估机构的基本信息应根据工商注册登记的信息填写。委托方和二手车鉴定评估机构的基本信息须填写完整，不可留有空白。

③ 委托事项描述。委托原因选择好后在前面打对勾，为了避免人为篡改，其他非选项要全部打叉号。车辆号牌号码、类型、车辆识别代号（VIN）的填写应参照其行驶证上的信息。填写完成日期时，应注意在月份和日期前填写两位阿拉伯数字，不足位数的前面补阿拉伯数字0，如08月05日。

④ 委托评估车辆基本信息。委托评估车辆基本信息的填写可参照机动车登记证书和行驶证等。备注一栏可填写对技术鉴定和价值评估有影响的信息，没有的填写无。

⑤ 签章。二手车鉴定评估委托书一式两份，一份由委托人保存，另一份由鉴定评估机构保存。

三、二手车鉴定评估委托书的填写示例

二手车鉴定评估委托书的填写示例如下所示。

二手车鉴定评估委托书

委托书编号：20190401049

委托方名称（姓名）：×××　　　　　　　　鉴定评估机构名称：××××有限公司

法人代码证（身份证）：××××××　　　　法人代码证：××××××

委托方地址：××××　　　　　　　　　　鉴定评估机构地址：××××

联系人：×××　　　　　　　　　　　　　联系人：×××

电话：15×××××××××　　　　　　　电话：13×××××××××

因　☒交易　☒典当　☒拍卖　☒置换　☒抵押　☒担保　☒咨询　☒司法裁决　☒其他（须明注）需要，委托人与受托人达成委托关系，号牌号码为　京G×××××　，车辆类型为　轿车　，车辆识别代号（VIN码）/车架号为　LFV2A1BS363553×××　的车辆进行技术状况鉴定并出具评估报告书，2019年04月06日前完成。

委托评估车辆基本信息

车辆情况	厂牌型号	一汽-大众迈腾(领先型)	使用用途	营运☒ 非营运☑
	总质量/座位/排量	1 545 kg/5座/1.8T	燃料种类	汽油
	注册登记日期	2015年10月26日	车身颜色	黑色
	已使用年限	3年06个月	累计行驶里程(万千米)	6.4
	大修次数	发动机(次)	整车(次)	
	维修情况			
	事故情况			
价值反映	购置日期	2015年10月15日	原始价格(元)	209 000
备注：		无		

委托方：(签字、盖章)　　　　　　　　　　　　受托方：(签字、盖章)

×××

×××

2019年04月01日　　　　　　　　　　　　　　　2019年04月01日

1. 委托方保证所提供的资料客观真实，并负法律责任。
2. 仅对车辆进行鉴定评估。
3. 评估依据：《机动车运行安全技术条件》(GB 7258)、《二手车鉴定评估技术规范》(GB/T 30323)等。
4. 评估结论仅对本次委托有效，不可用作其他用途。
5. 鉴定评估人员与有关当事人没有利害关系。
6. 委托方如对评估结论有异议，可于收到《二手车鉴定评估报告》之日起10日内向受托方提出，受托方应给予解释。

任务实训1——签订二手车鉴定评估委托书

根据"任务一　任务实训"中业务洽谈的结果和"任务二　任务实训"中查验的二手车及二手车相关证件，签订二手车鉴定评估委托书。教师可参考表1-4对学生的实训完成情况进行考核。

表1-4　二手车鉴定评估委托书完成情况考核表

班级		姓名		学号	
项目	必要的记录		分值		评分
与客户沟通情况			10		
语言表达			10		
书写规范程度			10		
委托书填写情况			60		
是否就委托书向客户进行了必要的说明			10		
总分					

教师签字：_____

_____年_____月_____日

任务实训2——制订二手车鉴定评估作业方案

根据任务实训1所签订的二手车鉴定评估委托书内容，制订二手车鉴定评估作业方案。教师可参考表1-5对学生的实训完成情况进行考核。

表1-5　二手车鉴定评估作业方案完成情况考核表

班级		姓名		学号	
项目	必要的记录		分值		评分
评估方法选择			20		
评估组的组建			20		
现场工作计划中各具体任务时限确定是否合理			30		
方案时限			10		
对教师提出问题的解释			20		
总分					

教师签字：_____

_____年_____月_____日

提示

二手车鉴定评估作业方案是二手车鉴定评估机构根据二手车鉴定评估委托书的要求而制订的工作规划和安排。其内容主要包括：委托方与车辆所有方简介、评估目的、评估对象、评估基准日、评估方法、评估人员、评估作业程序、现场工作计划、提交评估报告时间等。可参考如下样例进行。

二手车鉴定评估作业方案

一、委托方与车辆所有方简介

委托方：李××。

委托方联系人：李××，联系电话：×××。

二、评估目的

根据委托方的要求，本项目评估目的为（在□处填√）：

☑交易　□拍卖　□置换　□抵押　□担保　□咨询　□司法裁决

三、评估对象

评估车辆的厂牌型号：（×××），号牌号码：（×××）。

四、评估基准日

鉴定评估基准日：××××年××月××日。

五、评估方法（在□处填√）

☑重置成本法　□现行市价法　□其他

六、评估人员

负责评估师：×××。

协助评估人员：×××。

七、评估作业程序

按照接受委托、验证、现场查勘、评定估算和提交报告的程序进行。

八、现场工作计划

负责评估师组织相关人员，于××××年××月××日××时前，完成下列工作。

① 证件核对：20分钟。

② 鉴定二手车现时技术状况。静态检查与动态检查：30分钟；仪器设备检查：送×××检测站（注此项工作视具体车辆情况而定）：2小时。

③ 车辆拍照：10分钟。

④ 评定估算：2小时。

⑤ 撰写评估报告：2小时。

九、提交评估报告时间

××××年××月××日。

旗帜引领

交易模式创新，引领二手车消费新风尚

多年来，"交易不规范、不诚信，信息不透明"等顽疾长期困扰二手车消费者，损害消费者利益，阻碍国内二手车行业发展。为此，国家高度重视对二手车流通市场的管理，不断优化二手车流通领域的"放管服"改革，并鼓励支持二手车流通信息平台的发展。基于此，作为深耕豪华汽车销售服务领域多年的港股上市公司——永达汽车凭借雄厚的集团产业链优势，持续推动厂方官方认证二手车和永达认证二手车零售能力建设，形成了广泛覆盖的连锁化经营格局。

2021年伊始，永达汽车率先在国内启用"2+1"全渠道数字化二手车零售交易模式，打造诚信、透明的交易服务。"2"是指永达旗下200余家4S品牌网点和永达二手车连锁商城两大渠道体系，"1"是指一个线上平台。永达汽车利用数字化数据平台进行集中定价和车源分配，并将线上线下有机结合，搭建以客户全生命周期管理为核心的运营管理体系，实现库存同步和共享，消费者可以轻松实现线上看车交易，也能感受线下实体店的舒心服务体验。

随着疫后经济的反弹及常态化发展，二手车交易需求逐步释放，交易量逐渐驶入高增长通道。相信在市场及政策的推动支持下，未来会有更多企业应时而动，在打造二手车交易服务体系的同时，创新优化全渠道、全链条交易方式，营造诚信、透明、便捷的服务环境，为消费者提供更加专业、舒心的二手车消费体验。

（资料来源：十大品牌网，有改动）

思考与练习

一、填空题

1. 车主即二手车所有人，是指拥有车辆所有权的_____或_____。
2. 常见的二手车委托评估目的包括_____、_____、_____、_____、_____。
3. 评估基准日是指确定二手车_____的时间点。
4. 机动车的法定证件主要有_____、_____、_____、_____、_____等。
5. 我国机动车保险险种分为_____和_____两大类。

二、单项选择题

1. 以下属于新车来历证明的是（　　）。
   A．机动车销售统一发票　　　　　B．机动车付款凭证
   C．机动车行驶证　　　　　　　　D．机动车号牌

2. 二手车的合法手续证明一般不包括（　　）。
   A．机动车来历证明、机动车行驶证
   B．机动车登记证书、机动车号牌、道路运输经营许可证
   C．车辆购置税完税证明、机动车保险单
   D．交通事故处理意见书

3. 二手车鉴定评估机构对下列选项中不负法律责任的是（　　）。
   A．成交价格　　　　　　　　　　B．评估的车辆技术状况结果
   C．是否为事故车辆　　　　　　　D．是否为非法车辆

4. 经公安机关破案发还的被盗抢且已向原机动车所有人理赔完毕的机动车，其来历证明是保险公司出具的（　　）。
   A．《权益转让证明书》　　　　　B．《调解书》
   C．《裁定书》　　　　　　　　　D．《判决书》

三、思考题

1. 如何查验二手车的合法性？
2. 简述二手车鉴定评估委托书的作用。

项目二
二手车技术状况鉴定

项目导读

二手车技术状况鉴定包括静态检查和动态检查两个方面(此过程又称现场鉴定)。二手车鉴定评估人员现场查勘鉴定二手车的现时技术状况,其目的是为二手车的价值评估提供参考依据。这项工作完成后,二手车鉴定评估人员应填写《二手车鉴定评估作业表》和《二手车技术状况表》,客观地描述鉴定过程并给出鉴定结论。

鉴定完毕后,二手车鉴定评估人员还需要为二手车拍照,并将拍摄的照片与《二手车鉴定评估作业表》《二手车技术状况表》《二手车鉴定评估委托书》等资料一起归档。

学习目标

1. 掌握事故车的鉴定方法和技巧,能够在实践中通过检查车体左右对称性、纵梁、A柱、B柱和C柱等,判断二手车是否为事故车。
2. 掌握二手车的静态检查方法和技巧,能够在实践中通过检查车身外观、发动机舱、驾驶舱和底盘等,判断二手车的损伤情况、维修情况和技术状况。
3. 掌握二手车的动态检查方法和技巧,能够在实践中通过启动检查和路试检查,判断二手车重要总成和部件的技术状况。
4. 掌握二手车的拍照方法和技巧,能够在实践中根据鉴定评估要求为二手车拍照。
5. 能够在实践中综合描述二手车的技术状况和缺陷,并根据相关规定为二手车的整体技术状况打分和评级。

素质目标

1. 激发爱党、爱国、爱社会主义的巨大热情。
2. 树立客观、严谨、细致的工作作风。
3. 培育执着专注、踏实认真的职业素质。
4. 养成好学上进、拼搏创新的钻研精神。

任务一　二手车的静态检查

情景导入

小王是一名汽车专业的学生，即将毕业的他来到某二手车交易市场实习，被分配到二手车鉴定评估师老李所在的业务部门。

不久后，老李带着小王去鉴定一辆刚到市场不久的2015款奔驰E级轿车，在仔细检查这辆车的车身后，老李告诉小王这辆车的车漆有重新喷涂的痕迹，让他查一下这辆车的维修记录。经查询，这辆奔驰E级轿车果然在买后不久便发生了事故，左前大灯和左A柱损坏，是一辆事故车。

火眼金睛的老李令小王好生佩服，便拜托老李多教自己几招。老李一口答应，然后从二手车的静态检查开始，一步步教导小王如何成为一名专业的二手车鉴定评估人员。

相关知识

一、二手车技术状况鉴定概述

二手车技术状况鉴定包括静态检查和动态检查两个方面，鉴定结束后需要根据GB/T 30323为二手车的技术状况打分和评级，从而为二手车的价值评估提供参考依据。

（一）静态检查

二手车的静态检查是指在车辆静态状态下，鉴定评估人员凭借自身的专业技能和工作经验，通过目测等手段，并辅以简单的工具（如强光手电筒、尺寸检测工具和漆面厚度检测仪），对二手车的技术状况进行检查。静态检查的目的是快速、全面地了解二手车的大致技术状况。

二手车的静态检查项目包括车身外观检查、发动机舱检查、驾驶舱检查、底盘检查和功能性零部件检查等。在对二手车进行静态检查时，一般先检查该车是否为事故车，若为事故车，则可以不再进行上述项目的检查，直接在《二手车鉴定评估作业表》中的结论栏填写"事故车"，即完成鉴定作业。

（二）动态检查

二手车的动态检查是指车辆在工作状态下的检查，包括启动和路试检查。通过动态检查，可以发现静态检查无法察觉的缺陷，还可判断二手车的操纵性能、制动性能、滑行性能和加速性能等。

（三）技术状况分值及等级

鉴定二手车技术状况时，应根据车身、发动机舱、驾驶舱、启动、路试、底盘的检查结果确定二手车技术状况的分值。静态检查和动态检查的总分为各个检查项目分值累加，即：鉴定总分=∑项目分值，满分为100分。各检查项目的份额分值：车身——20分；发动机舱——20分；驾驶舱——10分；启动——20分；路试——15分；底盘——15分。扣分标准将在后面讲解。

根据鉴定总分，可参照表2-1确定车辆的技术状况等级，其中事故车直接判定为五级。

表2-1 车辆技术状况等级分值对应表

技术状况等级	分值区间
一级	鉴定总分≥90
二级	60≤鉴定总分<90
三级	20≤鉴定总分<60
四级	鉴定总分<20
五级	事故车

二、事故车的判别（车身骨架的检查）

事故车是指因非自然损耗的事故而造成车辆伤损，导致其机械性能、经济价值下降的车辆。事故车通常存在着技术隐患和安全隐患，其价值要远远低于同类非事故车，因此对事故车的判别是二手车鉴定评估业务中非常关键的一个环节。

（一）事故车判别概述

由于事故车修复后仍会留下痕迹，因此寻找事故痕迹或修复后车辆的特征是判别事故车的关键。根据GB/T 30323对事故车的定义，如表2-2所示的13个检查项目的受损情况是判别事故车的依据。判别时，可参照如表2-2所示的检查项目和如表2-3所示的缺陷描述，对二手车的相应车体部位进行检查。检查时如果发现缺陷，则根据如表2-2所示的车体部位代码表和如表2-3所示的车体缺陷状态描述表，对缺陷进行描述，如某二手车左B柱有变形，则描述为"3BX"。当表2-2中任何一个检查项目存在表2-3中描述的缺陷时，则该车为事故车。

事故车的判别

表2-2 车体部位代码表

代码	检查项目或车体部位	代码	检查项目或车体部位
1	车体左右对称性	8	左前纵梁
2	左A柱	9	右前纵梁
3	左B柱	10	左前减振器悬挂部位
4	左C柱	11	右前减振器悬挂部位
5	右A柱	12	左后减振器悬挂部位
6	右B柱	13	右后减振器悬挂部位
7	右C柱		

表2-3　车体缺陷状态描述表

代表字母	BX	NQ	GH	SH	ZZ
缺陷描述	变形	扭曲	更换	烧焊	褶皱

事故车修复后通常存在两种情况：第一种是受损部位无法完全修复，有明显的事故痕迹，这种情况一般用目测即可轻松判断；另一种是受损部位修复后在外观上没有明显的缺陷，此时就需要从细节上去发现，由外到内，由表及里，逐渐深入。此外，还可使用仪器检测，或通过路试发现问题。

（二）车体左右对称性的检查

车体左右对称性的检查可从远观车身、近看缝隙、使用工具三个方面入手。

1. 远观车身

将车辆停放在光线明亮的场所，分别从其右前方和左前方45°角处由远（距车前约2米）及近（距车前约0.5米），先站后蹲，检查以下项目。

① 检查正面的线条、平面（见图2-1）和车身腰线（见图2-2）是否流畅。如果车身正面、侧面没有受到过撞击，那么这些部位会非常流畅。

图2-1　正面线条和平面的检查

图2-2　车身腰线的检查

② 检查翼子板、车门等是否有较大的变形，是否有修复痕迹。例如，可通过漆面有无色差、光泽度是否一致来判断车辆是否修复过。

③ 检查同一侧的前、后轮是否排成一线。

④ 检查车体左、右部件是否对称，是否有横向或纵向歪斜现象。根据规定，车体外缘左右对称部位的高度差不得大于40 mm，否则为事故车。

根据需要，使用相同的方法，从车辆后面检查以上项目。如果没有达到上述要求，则可怀疑此车发生过碰撞事故。

2. 近看缝隙

没有发生过事故的车辆，其车身缝隙通常均匀、流畅，左右对称，无车漆流挂。发生过事故的车辆，缝隙可能会大小不一，左右不对称。

车身缝隙的检查包括以下几个方面。

① 检查发动机舱盖与前保险杠、前翼子板、前照灯间的缝隙。
② 检查前车门与后车门、前车门与前翼子板、后车门与后翼子板间的缝隙。
③ 检查后翼子板与后保险杠、后翼子板与行李箱盖、行李箱盖与后保险杠间的缝隙。

提示

在检查车身缝隙时,可以通过对比左右车身的方法来判断车辆是否进行过维修。如图2-3所示,此车左边翼子板与行李箱盖的缝隙明显大于右边,这是维修时安装调整不到位所致。

(a) 左翼子板与行李箱盖缝隙较小　　　　　(b) 右翼子板与行李箱盖缝隙较大

图2-3　左、右翼子板与行李箱盖的缝隙对比

3. 使用工具

在判别二手车是否为事故车时,可以使用高度尺、水平尺或卷尺测量车体左、右对称部位的高度差是否超过规定值(不大于40 mm);使用漆面厚度检测仪测量漆面的厚度,来判断车辆是否进行过钣金或喷漆修复,进而判断其是否为事故车。关于漆面厚度检测仪的使用方法,将在后面讲解。

提示

车辆发生磕磕碰碰是常有的事,如果只是车身覆盖件受损,没有伤及车体结构和发动机等,则一般不属于事故车。检查车漆是否重新喷涂过,主要目的是从喷过漆的地方寻找蛛丝马迹,进一步深入检查其他部件,以发现更多的事故痕迹。

(三) 车体主要结构件(车身骨架)的检查

车体结构如图2-4所示。现代汽车的车体大部分采用的是承载式结构,汽车的整个车身是一体的,发动机、传动系统、前后悬架等部件都装配在车身上,车身负载通过悬架装置传给车轮。对于汽车来讲,车体结构和人的骨架是一样的,如果一辆车的结构有过损伤,就好比一个人"伤筋动骨"。因此,确定车体结构是否完好无损,是判别车辆是否发生过碰撞、火烧等较大事故的关键。

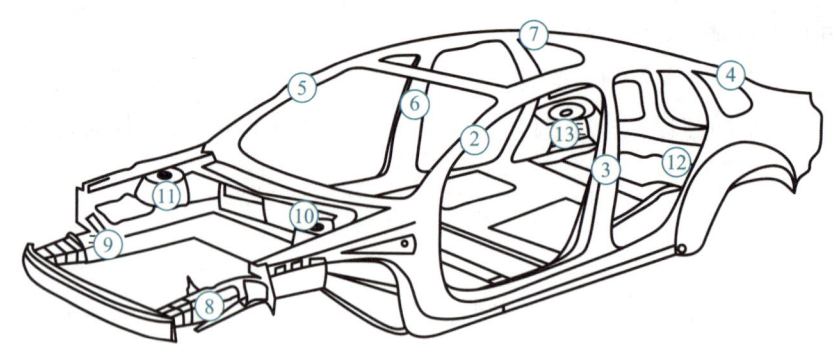

2—左A柱；3—左B柱；4—左C柱；5—右A柱；6—右B柱；7—右C柱；
8—左前纵梁；9—右前纵梁；10—左前减振器悬挂部位；11—右前减振器悬挂部位；
12—左后减振器悬挂部位；13—右后减振器悬挂部位。

图2-4 车体结构

在车体结构中主要受力构件是A柱、B柱、C柱、纵梁和减振器悬挂部位等。这些构件的强度很大，如果其外观有变形、扭曲、更换、烧焊和褶皱等缺陷，往往说明车辆受到过较大的撞击，是事故车。此类事故车由于结构件受损，即使已修复，其技术性能和安全性能也会大大下降。

1. 纵梁的检查

车辆在碰撞事故中担负主要吸能作用的是纵梁。纵梁一般以低合金钢板冲压而成，断面为槽形或工字形，其上有圆形的溃缩孔，用来分散、吸收发生事故时撞击的能量。车辆纵梁在小事故中受伤的概率较小，如果一辆车的纵梁有问题，那么这辆车一定发生过不小的事故。纵梁的维修只能通过钣金修复，严重时甚至需要重新切割焊接，从而留下烧焊痕迹。

由于车辆撞击一般发生在前部，因此判别事故车时前纵梁的检查是重点。前纵梁位于发动机舱的中下部，检查时需要打开发动机舱盖，或将车辆举升起来从底部进行检查。纵梁的检查主要包括以下几个方面。

① 检查纵梁有无变形、扭曲、褶皱，如图2-5（a）所示。

② 检查纵梁有无裂隙，焊点是否与原厂一致，是否存在修复时切割焊接的痕迹，如图2-5（b）所示。

③ 检查纵梁是否整体更换过。可通过查看左、右纵梁是否一致，如漆面有无色差来判断。此外，检查与纵梁连接部件的螺栓是否松动过，或焊点是否与原厂一致，如图2-5（c）所示。

（a）褶皱

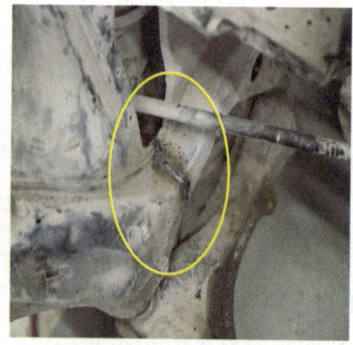
（b）切割焊接

（c）焊点与原厂不一致

图2-5 纵梁的检查

提示

　　有些事故车留下的痕迹并不明显，在排查时一定要注意细节。例如，检查纵梁不同区域的漆面厚度是否一致（可通过目测或漆面厚度检测仪来检查，见图2-6）；检查纵梁上的焊点是否与原厂一致（车辆原厂焊点一般是圆形凹陷状，并有规律地排列，见图2-7）；检查纵梁与其他部件连接部位的螺栓是否松动过（松动过的螺栓会在螺栓头或螺母上留下痕迹）或更换过；检查纵梁连接的其他部件是否有损伤。还可检查纵梁有无局部生锈，如果有，则说明纵梁可能受到过损伤。纵梁局部生锈在年限较长的车辆上比较常见，年限不长的车辆一般不会有局部生锈的现象。此外，还可通过检查纵梁上的溃缩孔是否变形来判断纵梁是否受到过撞击，如图2-8所示。

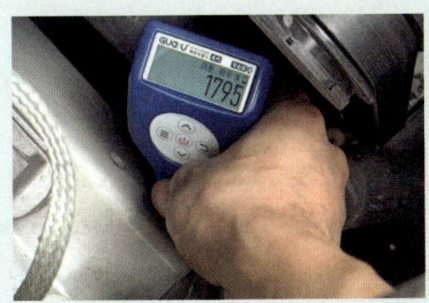 

图2-6　纵梁不同区域的漆面厚度不一致

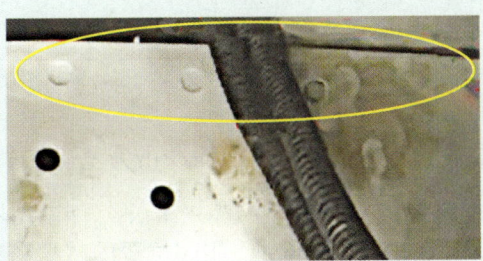 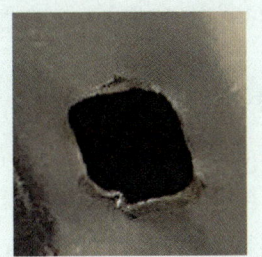

图2-7　纵梁上的焊点与原厂一致　　　　图2-8　纵梁上的溃缩孔变形

注　意

　　在检查纵梁时要注意其左、右对称性。如果发现凹坑或者弯曲是左、右纵梁对应存在的，那么很有可能是原厂就有的，不能算事故车。检查时不要盲目下结论，以免误判。

2. A柱、B柱和C柱的检查

　　汽车的A柱、B柱和C柱不仅起到支撑车顶的作用，更为重要的是在车辆翻滚或倾覆时对车内人员起到保护作用。A柱、B柱和C柱一旦在事故中受过伤，那么这辆车便存在较大的安全隐患。

　　A柱、B柱和C柱的检查需要打开相应的车门进行。例如，检查右A柱和右B柱，需要打开右前车门，然后检查由右A柱、右B柱、车顶和门槛形成的金属框架，看其是否存在变形、扭曲、褶皱，是否存在切割焊接、钣金修复和重新喷漆等的痕迹（见图2-9），必要时可扒开密封条进行检查。

　　由于A柱的位置比较靠前，当车辆受到前方严重撞击或者前侧方撞击时，A柱将首先发生变形，因此对A柱的检查是重点。

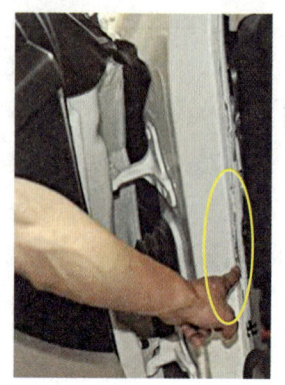
（a）A柱修复痕迹（有褶皱）

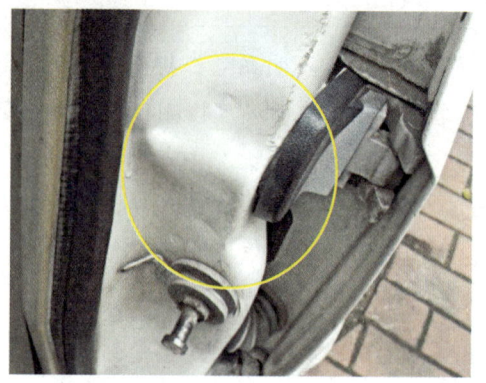
（b）B柱扭曲痕迹

图2-9　A柱和B柱的检查

> 提示
>
> 　　检查A柱、B柱和C柱是否修复过时，首先观察其外表是否有明显的褶皱现象或重新喷漆痕迹；其次是扒开密封条，观察密封条里的金属框架与焊点是否规整，是否与原厂一致。如果发现没有焊点，则有可能是修复后被腻子填平了，或者被更换过（原厂的金属框架一般都有规整的焊点）。
> 　　此外，C柱位于车辆的后方，除了正常的检查之外，还可打开行李箱盖，查看行李箱上方两侧的金属框架是否有变形或者修复痕迹。

3. 减振器悬挂部位的检查

汽车减振器安装在汽车车轮附近，其主要作用是抑制来自路面的冲击力量，减少汽车行驶时的振动。减振器悬挂部位是用来悬挂减振器的地方，又称减振塔，其分别位于汽车的左前方和右前方（发动机舱两侧）、左后方和右后方（行李箱两侧）。当汽车发生撞击时，相应位置的减振塔很容易受到损伤，而减振塔一旦受到损伤，对减振器的减振效果和悬挂角度都会产生影响，导致汽车减振效果不佳，而且轮胎可能出现"内外八字"的状况，时间一长容易爆胎。因此，减振塔也是排查事故车的重要部件。

检查减振塔的方法与检查上述结构件相同，主要是检测其是否变形、是否有切割焊接的痕迹、是否有钣金修复并重新喷漆的痕迹，以及悬挂减振器的螺栓是否有拧过或更换的痕迹等，如图2-10所示。

图2-10　左前和右前减振塔的检查

三、车身外观的检查

检查一辆二手车,首先应检查车身外观,因为通过车身外观可大致判断一些车况,如车的新旧、是否有过剐蹭或碰撞等。并不是说车身外观有缺陷就是事故车,检查车身外观主要有两个目的:一是,从修复过的地方寻找蛛丝马迹,以便后面进一步深入检查,从而判断事故程度;二是,为二手车价值评估提供参考依据。

(一)车身外观检查概述

车身外观可分为13个车身覆盖件(见图2-11)、行李箱内侧、四轮(含轮胎与轮毂)、前大灯、后尾灯、前后挡风玻璃、四门车窗玻璃、左右后视镜这些部分。鉴定评估人员可通过目测方式,辅以漆面厚度检测仪、卷尺和轮胎花纹深度尺等工具,检查如表2-4所示的26个项目(代码14~39),看是否有如表2-5所示的缺陷并扣分。

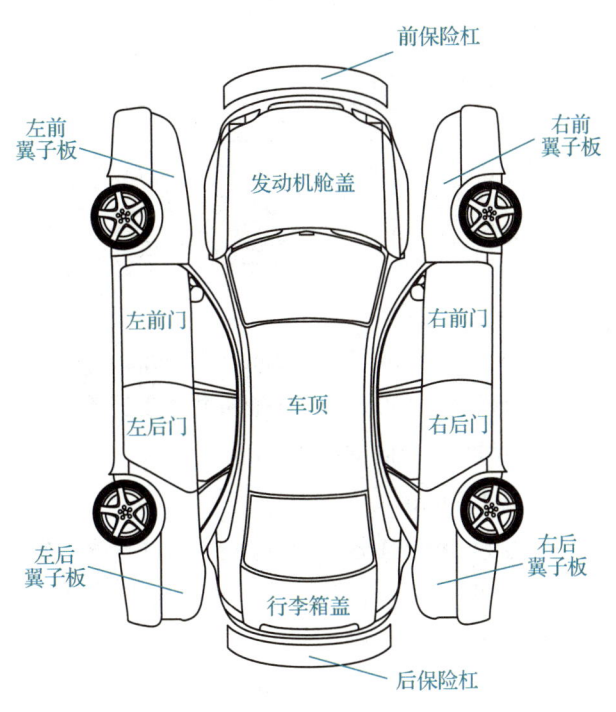

图2-11 车身覆盖件

表2-4 车身外观部位代码表

代码	车身外观部位	代码	车身外观部位
14	发动机舱盖表面	27	后保险杠
15	左前翼子板	28	左前轮
16	左后翼子板	29	左后轮
17	右前翼子板	30	右前轮
18	右后翼子板	31	右后轮

表2-4（续）

代码	车身外观部位	代码	车身外观部位
19	左前门	32	前大灯
20	右前门	33	后尾灯
21	左后门	34	前挡风玻璃
22	右后门	35	后挡风玻璃
23	行李箱盖	36	四门车窗玻璃
24	行李箱内侧	37	左后视镜
25	车顶	38	右后视镜
26	前保险杠	39	轮胎

表2-5 车身外观缺陷状态描述表

代表字母	HH	BX	XS	LW	AX	XF
缺陷描述	划痕	变形	锈蚀	裂纹	凹陷	修复痕迹

车身外观缺陷分为4个程度，具体如下。

◎ 程度1：表2-5中的缺陷面积小于或等于100 mm×100 mm。

◎ 程度2：表2-5中的缺陷面积大于100 mm×100 mm并小于或等于200 mm×300 mm。

◎ 程度3：表2-5中的缺陷面积大于200 mm×300 mm。

◎ 程度4：轮胎花纹深度小于1.6 mm。

缺陷程度为1的扣0.5分，程度为2的扣1分，程度为3的扣1.5分；轮胎符合缺陷程度4的扣1分。在二手车技术状况鉴定中，车身外观的份额分值为20分，扣完为止。在《二手车鉴定评估作业表》中，对车身外观缺陷的描述：车身外观部位代码+缺陷代表字母+缺陷程度代表数字。例如，"21XS2"表示左后门有锈蚀，面积大于100 mm×100 mm并小于或等于200 mm×300 mm。

（二）车身覆盖件的检查

如图2-11所示的13个车身覆盖件均可通过目测和工具检查。下面首先讲解这些覆盖件的外观缺陷状态（划痕、变形、锈蚀、裂纹、凹陷、修复痕迹），然后讲解使用漆面厚度检测仪检测修复痕迹的方法。

1. 车身外观缺陷状态

① 划痕（代表字母HH），是指因受到尖锐物体（如钥匙、玻璃、石子、刀等）的剐蹭，而发生无明显碰撞痕迹的车身表面油漆划伤，一般呈线条分布，如图2-12所示。

② 变形（代表字母BX），是指因碰撞等而造成的车身表面形状的改变，一般通过肉眼可看到车身表面有不自然的起伏。也可以通过触摸来检测是否有肉眼不易察觉的较小变形，如图2-13所示。

图2-12 车身划痕

图2-13 车身变形

③ 锈蚀（代表字母XS），一般是由车辆碰撞或刮伤后，金属长期直接与空气接触造成的，如图2-14所示。

④ 裂纹（代表字母LW），是指车身的外壳出现开裂，如图2-15所示。一般是由车辆受到挤压或常行驶在颠簸的路面造成的。有时漆面脱落，铁皮长期裸露、锈蚀也会造成开裂。

图2-14 车身锈蚀

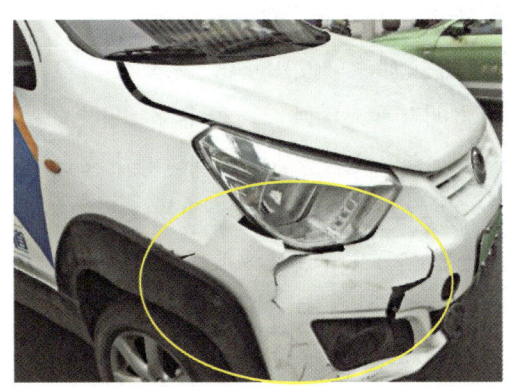

图2-15 车身裂纹

⑤ 凹陷（代表字母AX），是指由车辆碰撞等，造成车身局部表面形成周围高、中间低的外形，如图2-16所示。

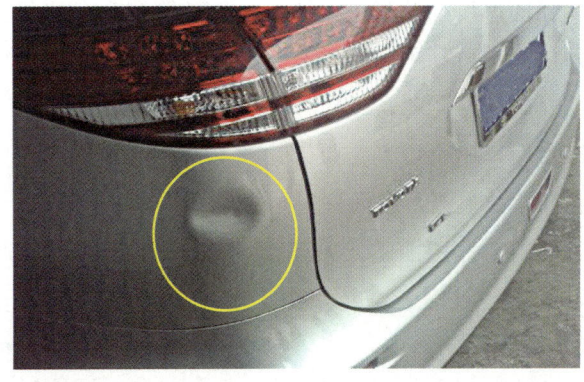

图2-16 车身凹陷

⑥ 修复痕迹（代表字母XF），是指车身出现变形、凹陷等情况后为了恢复车身外观的美观，而对车身进行钣金或喷漆等作业后的痕迹，如图2-17所示。

（a）喷漆留下的麻点

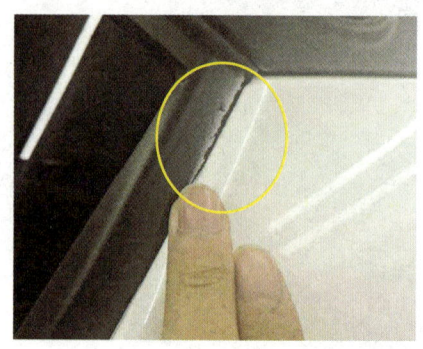
（b）残留油漆痕迹

图2-17　车身修复痕迹

提示

检查一辆二手车是否修复过，首先要检查的是车漆。可使用以下方法检查。

①看色差和褶皱。将车辆停放在光线明亮的地方，离车1 m左右，迎着光看漆面是否有色差和褶皱。原车喷的漆一般比修理厂补的漆均匀、平滑，后补的车漆往往会有细微的褶皱。

②看明暗和光泽度。通过车身反射光的明暗对比也可以判断是否补过漆，一般补过漆的地方反射光很暗，光泽度和原漆也不同。新车在出厂时，车身是经过精心打磨的，表面异常光滑。

③看麻点。如果车身受损面积较大，那么需要补腻子的面积也比较大，但人工打磨腻子时常常会磨不平整，而且喷漆时施工环境很难保证绝对无尘，因此可能会在漆面上形成麻点。在光照下很容易发现这些麻点，如图2-17（a）所示。

④看残留油漆。对车身进行重新喷漆时，有时会在装饰条、外观件边缘、橡胶密封条等处残留油漆，如图2-17（b）所示。

⑤使用漆面厚度检测仪检查。

2. 使用漆面厚度检测仪

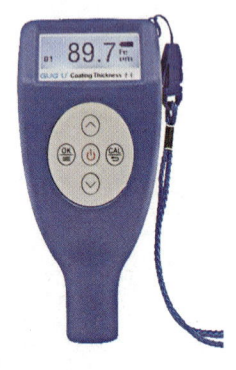

漆面厚度检测仪（见图2-18）是检测车身修复痕迹的常用仪器，二手车鉴定评估人员可利用它测量车身漆面的厚度，从而判断车身是否进行过钣金或喷漆修复。在检测时，一般以车顶作为基准，如果其他部位的测量数值明显高于基准数值，则可以判定该部位进行过钣金或喷漆修复，需要进一步检查该处是否存在事故痕迹，进而判定是否为事故车。

一般原厂漆面的正常厚度为80～150 μm，经过喷漆修复后厚度会明显增加，如果经过钣金修复，由于多了一层厚厚的腻子，因此漆面厚度可以达到300 μm以上。

图2-18　漆面厚度检测仪

使用漆面厚度检测仪检测车身漆面厚度的步骤如下。

第一步，从车顶收集基准数值。
第二步，检测发动机舱盖漆面。
第三步，检测行李箱盖漆面。
第四步，检测翼子板及车门漆面。

检测车顶、发动机舱盖和行李箱盖时，取正中、前、后、左、右处5个点测量，如图2-19（a）所示。每个点采集3次数据并取平均值，得出细节平均值，然后将5个点的平均值再求平均，得出部件漆面厚度的平均值，如车顶漆面平均厚度值、发动机舱盖漆面平均厚度等。

检测车身侧面时，取翼子板处3个点及车门处5个点，如图2-19（b）所示。检测方法与上述相同。

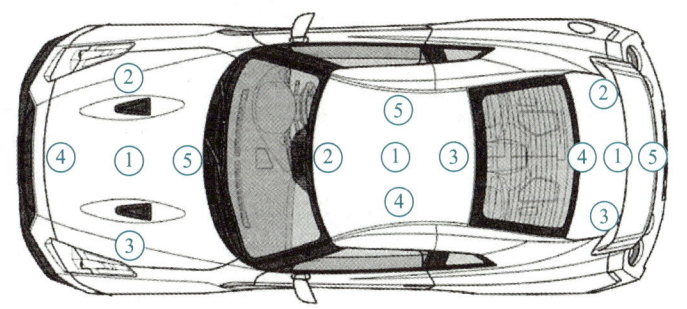

（a）车顶、发动机舱盖和行李箱盖的取样点

漆面厚度检测仪的使用

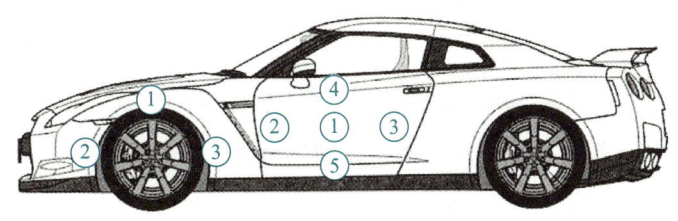

（b）翼子板和车门的取样点

图2-19 使用漆面厚度检测仪检测车身漆面厚度

> 提示
>
> 车辆发生事故后，修理厂的工作人员有时会将油箱盖拆下来当作调漆的样板，以减小色差。在检查二手车是否喷过漆时，可查看油箱盖的固定螺栓有没有被拧过。如果有，那就要特别注意。

（三）行李箱内侧的检查

检查行李箱内侧的方法与检查车身覆盖件类同，其中有一项检查重点是行李箱底板。取下行李箱底部的地毯，拿出备胎，然后观察行李箱底板是否有上述缺陷状态。如果看到备胎槽上有更换或者敲打复位的痕迹，那这辆车的后部一定发生过较严重的事故，如图2-20所示。

如果行李箱底板通过切割方式修复过，那么便要从行李箱底板周围的打胶情况进行仔细检查。在切割的位置一般会打上钣金胶，其颜色与车漆不一样，如图2-21所示。

图2-20 备胎槽上敲打复位的痕迹

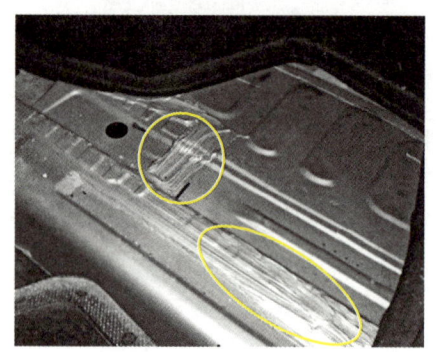
图2-21 行李箱底板切割修复后的打胶情况

（四）车灯、挡风玻璃、车窗玻璃和后视镜的检查

① 检查前大灯和后尾灯的灯罩是否无破损。
② 检查挡风玻璃与车窗玻璃是否无破损。
③ 检查后视镜是否无破损。此外，后视镜镜内物像的变形不能过大，同时要保证足够的清晰度。

（五）车轮的检查

汽车的车轮是由轮胎、轮毂组成的一个整体，下面首先介绍轮胎和车轮总成的检查标准，然后介绍轮胎的检查方法。

1. 轮胎检查标准

根据GB 7258的规定，汽车的轮胎应符合以下标准。
① 轮胎的速度等级不应低于该车最大设计车速的要求，装用雪地轮胎时除外。

> **提示**
>
> 轮胎速度等级是指轮胎在规定条件下承载规定负荷所能承受的最高速度。轮胎速度等级用英文字母表示，如J表示100 km/h，P表示150 km/h，V表示240 km/h，Y表示300 km/h。

② 公路客车、旅游客车和校车的所有车轮及其他机动车的转向轮不应装用翻新的轮胎。
③ 同一轴上的轮胎规格和胎冠花纹应相同，轮胎规格应符合整车制造厂的规定。
④ 乘用车轮胎应有胎面磨损标志（表明轮胎胎面磨损已到极限的标志，见图2-22）。此外，乘用车备胎规格与该车其他轮胎不同时，应在备胎附近明显位置装置能永久保持的标识，以提醒驾驶员正确使用备胎。
⑤ 乘用车、挂车轮胎的胎冠花纹深度应大于等于1.6 mm。
⑥ 轮胎胎面不应因局部磨损而暴露出轮胎帘布层。轮胎不应有影响使用的缺损、异常磨损和变形。
⑦ 轮胎的胎面和胎壁上不应有长度超过25 mm或深度足以暴露出轮胎帘布层的破裂和割伤。

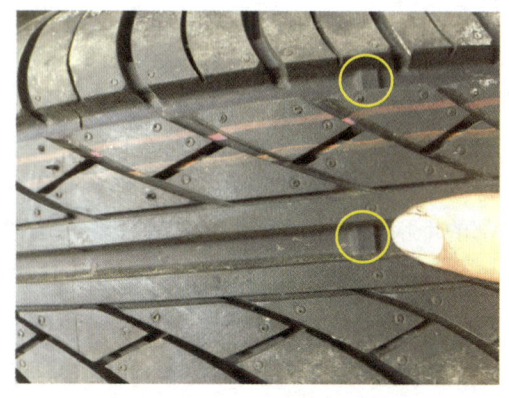
图2-22 胎面磨损标志

⑧ 轮胎负荷不应大于该轮胎的额定负荷，轮胎气压应符合该轮胎承受负荷时规定的压力。

提示

轮胎额定负荷是指轮胎在规定的使用条件下所能承受的最大载重，用负荷指数表示，共280个等级。例如，91表示615 kg，114表示1 180 kg，125表示1 650 kg，指数越大轮胎额定负荷越大。

在轮胎的侧壁上会标识轮胎的尺寸规格、速度等级和额定负荷等参数，如图2-23所示。

图2-23　轮胎的参数标识

2．车轮总成检查标准

① 轮胎螺母和半轴螺母应完整齐全，并应按规定紧固。
② 总质量小于等于3 500 kg的汽车，车轮总成的横向摆动量和径向跳动量应小于等于5 mm。
③ 最大设计车速大于100 km/h的汽车，车轮的动平衡要求应与该车型的技术要求一致。

提示

由于制造技术或其他原因，汽车车轮各部分的质量可能有分布不均匀的情况，造成车轮在高速旋转时形成动不平衡状态，使汽车在行驶过程中发生车轮抖动、转向盘振动等情况。为了避免这种情况，必须使车轮在高速旋转时达到动平衡状态。在二手车鉴定时，可以利用轮胎动平衡机（见图2-24）测试并校正轮胎的动平衡。

图2-24　轮胎动平衡机

3. 车轮的检查

在鉴定二手车技术状况时，车轮部分主要是检查轮胎的磨损、破裂和割伤情况。破裂和割伤通过目测即可。磨损主要是检查胎冠花纹深度，有两种方法：一种是检查轮胎上的磨损标记是否已磨损（见前图2-22），如果已磨损，则表明胎冠花纹深度小于1.6mm，不符合标准；另一种是使用轮胎花纹深度尺测量胎冠花纹深度。

轮胎花纹深度尺有机械式和电子式两类，分别如图2-25和图2-26所示。测量时，可将轮胎花纹深度尺的尖端分别垂直伸入轮胎胎面同一横截面的几个主花纹沟中，测量出它们的深度值，然后取平均值。

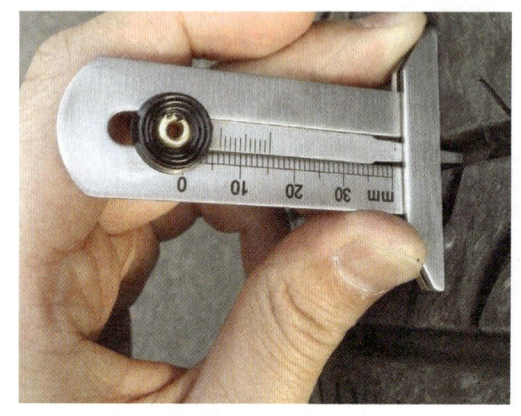
图2-25 机械式轮胎花纹深度尺

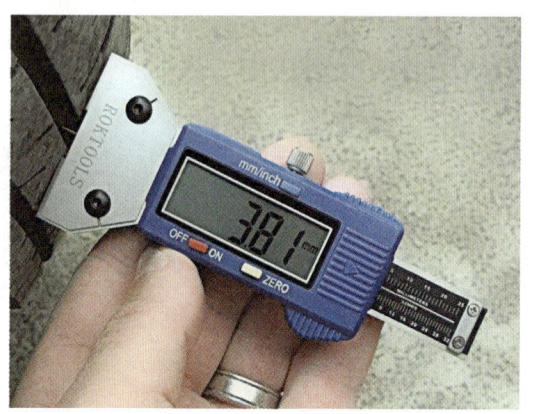
图2-26 电子式轮胎花纹深度尺

四、发动机舱的检查

（一）发动机舱检查概述

发动机舱的全景如图2-27所示，其内有许多关键的设备，不同设备的缺陷及缺陷程度对汽车的安全性影响不同，在二手车技术状况鉴定时的扣分点也不尽相同。

图2-27 发动机舱的全景

检查发动机舱时，应按如表2-6所示的作业表检查10个项目（代码40～49）。所有项选择A不扣分；第40项，选择B或C都扣15分；第41项，选择B或C都扣5分；第44项，选择B扣2分，选择C扣4分；其余各项，选择B扣1.5分，选择C扣3分。在二手车技术状况鉴定中，发动机舱的份额分值为20分，扣完为止。

表2-6 发动机舱检查项目作业表

代码	检查项目	A	B	C
40	机油有无冷却液混入	无	轻微	严重
41	缸盖外是否有机油渗漏	无	轻微	严重
42	前翼子板内缘、水箱框架、横拉梁有无凹凸或修复痕迹	无	轻微	严重
43	散热器格栅有无破损	无	轻微	严重
44	蓄电池电极桩柱有无腐蚀	无	轻微	严重
45	蓄电池电解液有无渗漏、缺少	无	轻微	严重
46	发动机皮带有无老化	无	轻微	严重
47	油管、水管有无老化、裂痕	无	轻微	严重
48	线束有无老化、破损	无	轻微	严重
49	其他	只描述缺陷，不扣分		

（二）机油的检查

1. 机油有无冷却液混入

对该检查项目的描述及扣分标准如表2-7所示。如果机油中混入冷却液，那么被污染的机油可能会对发动机内部造成损害，因此该检查项目的扣分值较高。具体检查方法如下。

表2-7 机油混入冷却液项目检查扣分表

代码	检查项目	描述	状态	扣分
40	机油有无冷却液混入	无任何其他杂质	A——无	0
		有少量混入，不影响机油的黏性	B——轻微	−15.0
		大量混入，形成乳液，影响车辆正常行驶	C——严重	−15.0

① 检查机油尺。可以拿出一张白纸，拔出机油尺在纸上擦拭，观察机油颜色和杂质的情况，如图2-28所示。一般在换过机油，且车辆使用一段时间后，机油颜色会变黑，这是正常的；如果发现机油的颜色变灰、变白或有乳化现象，说明机油中混入冷却液或其他杂质，可能是发动机冷却系统和燃烧系统有连通、泄漏的情况。

② 检查机油口。拧下机油盖，将它翻过来观察底部。如果机油盖底面有一层具有黏稠度的深色乳状物，则说明机油中混入冷却液或其他杂质。

图2-28 使用机油尺检查机油

2. 缸盖外是否有机油渗漏

对该检查项目的描述及扣分标准如表2-8所示；不同程度的机油渗漏如图2-29所示。检查时，应注意缸体是否有损伤，表面是否有油迹。

表2-8 机油渗漏项目检查扣分表

代码	检查项目	描述	状态	扣分
41	缸盖外是否有机油渗漏	停车5分钟无任何渗漏	A——无	0
		停车5分钟有1滴机油渗漏	B——轻微	-5.0
		停车5分钟超过1滴或有较多机油渗漏	C——严重	-5.0

（a）无渗漏

（b）轻微渗漏

（c）严重渗漏

图2-29 不同程度的机油渗漏

> **提示**
>
> 若检查上述两个项目时发现问题，应在《二手车技术状况表》或《二手车鉴定评估报告》的技术状况缺陷描述中予以注明，并提示修复前不宜使用。

（三）前翼子板内缘、水箱框架、横拉梁、散热器格栅的检查

1. 前翼子板内缘、水箱框架、横拉梁有无凹凸或修复痕迹

对该检查项目的描述及扣分标准如表2-9所示；如图2-30所示为前翼子板内缘、水箱框架和横拉梁的修复痕迹。

表2-9 前翼子板内缘、水箱框架、横拉梁项目检查扣分表

代码	检查项目	描述	状态	扣分
42	前翼子板内缘、水箱框架、横拉梁有无凹凸或修复痕迹	无任何凹凸或修复	A——无	0
		肉眼无法判断，借助工具或用手触摸可以发现轻微修复痕迹	B——轻微	-1.5
		肉眼明显可以看出凹凸或修复痕迹	C——严重	-3.0

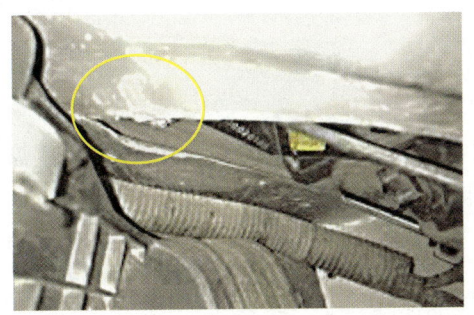
（a）前翼子板内缘修复痕迹

（b）水箱框架修复痕迹

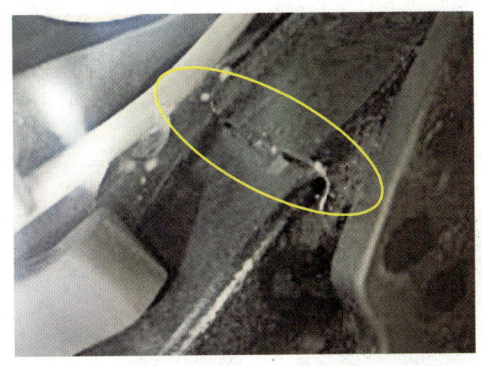
（c）横拉梁修复痕迹

图2-30　前翼子板内缘、水箱框架和横拉梁的修复痕迹

2. 散热器格栅有无破损

对该检查项目的描述及扣分标准如表2-10所示；如图2-31所示为散热器格栅的外部（发动机舱进风口），发动机的散热器位于散热器格栅后面。

表2-10　散热器格栅项目检查扣分表

代码	检查项目	描述	状态	扣分
43	散热器格栅有无破损	原装，无破损	A——无	0
		自然磨损	B——轻微	-1.5
		非原装，破损	C——严重	-3.0

图2-31　散热器格栅的外部

（四）蓄电池的检查

1. 蓄电池电极桩柱有无腐蚀

对该检查项目的描述及扣分标准如表2-11所示。蓄电池电极桩柱是蓄电池的正、负极接线柱，如图2-32所示为无任何腐蚀痕迹的电极桩柱和有明显腐蚀痕迹的电极桩柱。

表2-11 蓄电池电极桩柱项目检查扣分表

代码	检查项目	描述	状态	扣分
44	蓄电池电极桩柱有无腐蚀	无任何腐蚀痕迹	A——无	0
		有不明显腐蚀，对电流电压无明显影响	B——轻微	-2.0
		有明显腐蚀，影响电流电压	C——严重	-4.0

（a）无任何腐蚀

（b）明显腐蚀

图2-32 无任何腐蚀和有明显腐蚀痕迹的蓄电池电极桩柱

2. 蓄电池电解液有无渗漏、缺少

对该检查项目的描述及扣分标准如表2-12所示。蓄电池出现漏液，原因可能是上盖和底槽之间的密封出现老化甚至开裂，也可能是安全阀或者电极桩柱出现渗漏。鉴定评估人员应重点检查这些区域，看是否有电解液渗漏痕迹（电解液渗漏后往往会形成白色的硫酸盐），如图2-33所示。

表2-12 蓄电池电解液项目检查扣分表

代码	检查项目	描述	状态	扣分
45	蓄电池电解液有无渗漏、缺少	无渗漏，无缺少	A——无	0
		有不明显渗漏和缺少，对电流电压无明显影响	B——轻微	-1.5
		有明显渗漏和缺少，对电流电压有明显影响	C——严重	-3.0

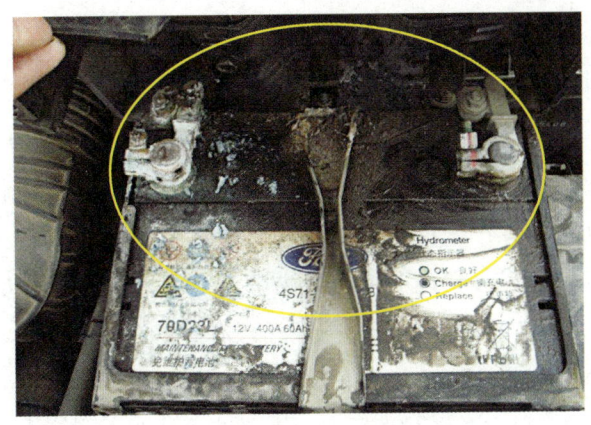

图2-33 蓄电池电解液渗漏

 提 示

蓄电池电解液的液面应高出极板10～15 mm，液面过低容易使极板损坏。检查时可用内径为3～5 mm的透明玻璃管或塑料管，从蓄电池加液孔垂直伸入至极板，然后用手指堵住管口将管抽出，最后测量管中液面的高度，即可得出电解液的液面高度。

（五）发动机皮带、油管和线束的检查

1. 发动机皮带有无老化

对该检查项目的描述及扣分标准如表2-13所示；不同程度的发动机皮带老化痕迹如图2-34所示。

表2-13 发动机皮带项目检查扣分表

代码	检查项目	描述	状态	扣分
46	发动机皮带有无老化	无任何老化痕迹	A——无	0
		自然磨损老化，自由量在标准范围内，无裂纹	B——轻微	-1.5
		非正常磨损老化，自由量超出标准范围，有裂纹	C——严重	-3.0

（a）无老化　　　　　　　　　（b）轻微老化　　　　　　　　　（c）严重老化

图2-34 不同程度的发动机皮带老化痕迹

> **提示**

汽车发动机的皮带主要分为正时皮带、发电机皮带、空调皮带、助力泵皮带和风扇皮带5种类型，一般位于发动机的正面或侧面。正时皮带是汽车发动机最主要的皮带，用来带动发动机的配气结构正常运转，使发动机内部各个气门在正确的时间开启和关闭。其他皮带根据品牌和车型的不同而有所区别。例如，有的车型，空调和助力泵皮带是同一根；有的车型，发电机、空调和风扇皮带是同一根；有的车型将这4种皮带合而为一，就只有一根很长的皮带，贯穿所有的皮带轮。如图2-35所示为发动机皮带示例图。

发动机通过皮带的传动来驱动各种设备运转，如果皮带出现打滑或断裂，与此相关的设备都将无法正常运转，从而影响到汽车的正常使用，甚至会损伤发动机。

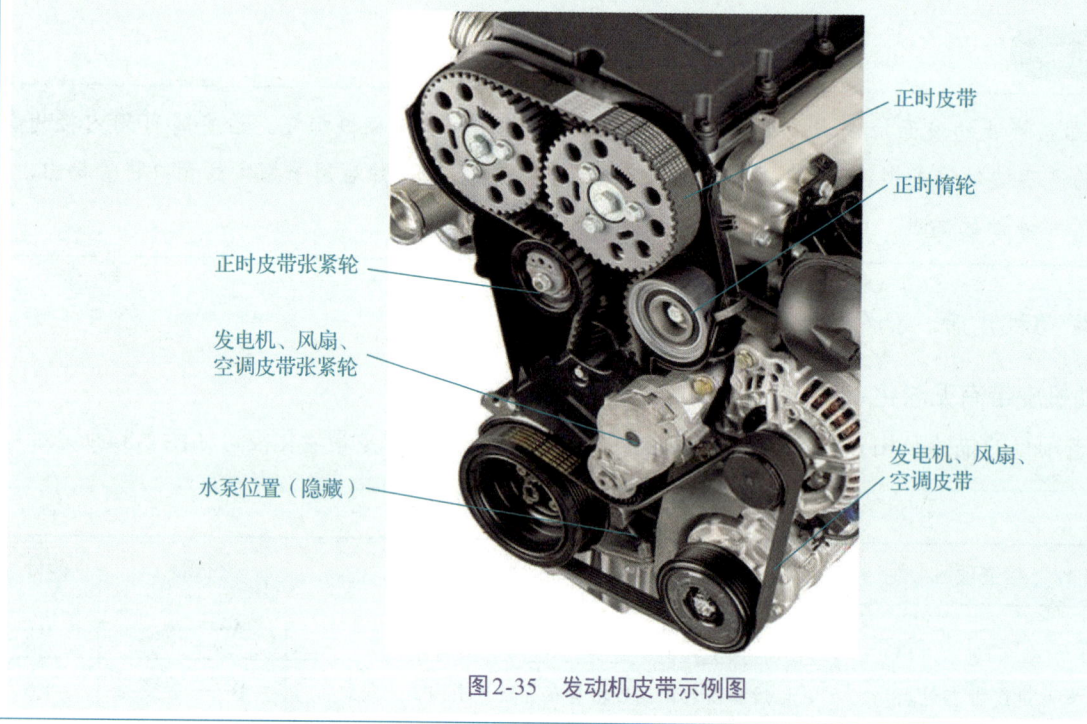

图2-35　发动机皮带示例图

2. 油管、水管有无老化、裂痕

对该检查项目的描述及扣分标准如表2-14所示。正常和有老化痕迹的发动机油管如图2-36所示，检查时要重点检查接头处有无老化、渗漏。

表2-14　油管、水管项目检查扣分表

代码	检查项目	描述	状态	扣分
47	油管、水管有无老化、裂痕	无任何老化、裂痕	A——无	0
		自然老化，有不明显裂痕，不影响使用，无渗漏	B——轻微	-1.5
		非正常老化，有明显裂痕，有渗漏	C——严重	-3.0

(a) 无老化　　　　　　（b) 严重老化

图 2-36　正常和有老化痕迹的发动机油管

提示

不同品牌和型号的汽车，其油管、水管在发动机舱中的分布不同，可通过与油管、水管连接的部件来辨别。例如，连接油箱油泵、燃油滤清器和喷油器的是油管；而连接冷却液罐和散热器的是水管。

3. 线束有无老化、破损

对该检查项目的描述及扣分标准如表 2-15 所示；正常和有老化痕迹的线束如图 2-37 所示。

发动机舱中的线束是构成汽车电路的主体，其内部一般由铜线组成，外部由绝缘皮和塑胶软管包裹，检查时应重点关注绝缘皮和塑胶软管有无破损。

表 2-15　线束项目检查扣分表

代码	检查项目	描述	状态	扣分
48	线束有无老化、破损	无任何老化痕迹	A——无	0
		自然磨损老化，有不明显破损，无金属裸露	B——轻微	−1.5
		非正常磨损老化，有明显的破损，有金属裸露	C——严重	−3.0

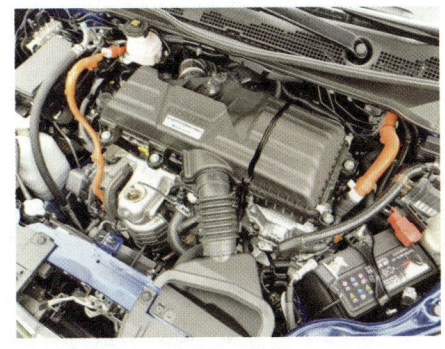

(a) 无老化　　　　　　（b) 有明显的破损和金属裸露

图 2-37　正常和有老化痕迹的线束

五、驾驶舱的检查

（一）驾驶舱检查概述

驾驶舱不仅是驾驶员的工作场所，也是汽车的重要组成部分。驾驶舱应为驾驶员提供便利的工作条件，也为乘员提供舒适的乘坐条件，避免他们被汽车行驶时的振动、噪声、废气侵袭及外界恶劣气候影响。同时，驾驶舱中的设备设施还要有助于安全行车和发生事故时减轻事故造成的伤害。

检查驾驶舱时，应按如表2-16所示的作业表检查15个项目（代码50～64）。所有项选择A不扣分；第50项，选择C扣1.5分；第51和52项，选择C扣0.5分；其余各项，选择C扣1分。在二手车技术状况鉴定中，驾驶舱的份额分值为10分，扣完为止。

驾驶舱的检查

表2-16 驾驶舱检查项目作业表

代码	检查项目	状态	扣分
50	车内是否无水泡痕迹	A——是	0
		C——否	-1.5
51	车内后视镜、座椅是否完整、无破损、功能正常	A——是	0
		C——否	-0.5
52	车内是否整洁、无异味	A——是	0
		C——否	-0.5
53	转向盘自由行程是否小于20°	A——是	0
		C——否	-1.0
54	车顶及周边内饰是否无破损、松动、裂缝和污迹	A——是	0
		C——否	-1.0
55	仪表台是否无划痕，配件是否无缺失	A——是	0
		C——否	-1.0
56	排挡把手柄及护罩是否完好、无破损	A——是	0
		C——否	-1.0
57	储物盒是否无裂痕，配件是否无缺失	A——是	0
		C——否	-1.0
58	天窗是否移动灵活、关闭正常	A——是	0
		C——否	-1.0

表2-16（续）

代码	检查项目	状态	扣分
59	门窗密封条是否良好、无老化	A——是	0
		C——否	−1.0
60	安全带结构是否完整、功能是否正常	A——是	0
		C——否	−1.0
61	驻车制动系统是否灵活有效	A——是	0
		C——否	−1.0
62	玻璃窗升降器、门窗工作是否正常	A——是	0
		C——否	−1.0
63	左、右后视镜折叠装置工作是否正常	A——是	0
		C——否	−1.0
64	其他	只描述缺陷，不扣分	

（二）水泡痕迹的检查

检查车内是否有水泡痕迹可以从以下几个方面入手。

① 淤泥和锈蚀。检查车门底部和两边、座椅底部（支架、导轨、底座）、扶手盒和储物盒内部、空调出风口缝隙、安全带根部（见图2-38）等死角处是否有淤泥，以及金属件是否有锈蚀。如果有，则车辆可能被水泡过。

（a）无水泡痕迹　　　　　　　　　　　（b）有水泡痕迹

图2-38　安全带根部水泡痕迹的检查

② 色差和软硬。车内地板和内饰如果被水泡过，即使清理后，通常也会有不同程度的色差或软硬变化。因此，检查车内底板、地毯、仪表台皮质材料、座椅表面等处是否有些地方深，有些地方浅；用手触摸地毯，看是否粗糙，没有正常地毯柔软；用手按压座椅的不同位置，看是否偏硬或软硬不均。由于汽车座椅大部分采用发泡海绵材质，进水后材质会变硬，而且会软硬不均，用力按压便可发现区别。

③ 异味。如果车辆为泡水车，泡过水的座椅、地毯等即便是强力清洗过，仔细闻还是会有异味。此外，由于泡过水的内部管线容易发霉，因此可打开空调，闻闻出风口是否有霉味吹出。

知识拓展

车身经水浸泡超过其高度的二分之一，或积水进入驾驶舱的车辆都属于事故车。下面是泡水车的隐患。

① 车辆进过水后，其内部的线路接头、控制模块、电气设备等，即使当时没有表现出故障，但由于有水汽和淤泥，时间长了会产生锈蚀，从而发生故障。而这些故障维修起来比较麻烦，维修费用也比较高。

② 车体金属表面因泡水会附着淤泥，而淤泥会吸收空气中的水汽，变得潮湿，时间长了，会在金属表面产生锈蚀，从而影响车体的刚度和强度，埋下安全隐患。

③ 发动机、变速箱等系统泡过水后，一般会通过换油清洗来解决泡水留下的淤泥，但通常不能完全清洗干净，而这些残留的淤泥会加速这些系统的磨损，时间长了，就会产生故障。

④ 车内地毯、隔音棉、座椅中的海绵等泡过水后，会滋生霉菌，产生异味，危害车内人员的健康。

二手车鉴定评估人员还可通过检查发动机舱和行李箱是否有水泡痕迹来判断车辆是否为泡水车。在检查的时候，切勿只看表面的状况，而应该仔细检查部件接口处和一些不容易看到的部位。

（三）座椅、转向盘和仪表台的检查

1. 座椅的检查

检查座椅是否完整、无破损、无松动，并调节座椅，查看其功能是否正常。

2. 转向盘的检查

图2-39 转向参数测量仪的外形

检查转向盘自由行程。汽车转向盘的自由行程用角度来表示，当转向盘在自由行程内转动时，车轮不会左右摆动。根据GB 7258的规定，最大设计车速大于或等于100 km/h的汽车，转向盘的自由行程应小于或等于20°。

检查转向盘自由行程的方法：轻轻转动转向盘至手感阻力增大，车轮刚要摆动但还没摆动时停止转动，并在转向盘上任意一点做一个标记，然后按上述方法向相反的方向转动转向盘至车轮刚要摆动时停止转动。此时，转向盘上的标记点所转过的角度，便是转向盘的自由行程。

若条件允许，也可以使用转向参数测量仪来测量转向盘的自由行程，其外形如图2-39所示。

3. 仪表台的检查

检查仪表台时，应根据车辆说明书检查仪表台配件（主要有时速表、发动机转速表、里程表、燃油表、空调功能键、音响功能键、各部位灯的功能键等）是否无缺失，仪表台是否无划痕。

提 示

　　进行二手车技术状况鉴定时，通常需要检查安全气囊的数量并确认其功能是否正常。汽车至少有主驾驶、副驾驶两个安全气囊，它们分别内置在转向盘喇叭下方位置和副驾驶座前方的仪表台中。高档一点的汽车还有侧安全气囊（内置在前排和后排座椅的外侧）、头部安全气囊（又称侧气帘，内置在A柱、B柱或C柱中）、膝部安全气囊（内置在转向盘下方）等。安全气囊的标识是AIR BAG或SRS，可通过检查这两个标识来判断车辆安全气囊的位置和数量。如图2-40所示为各类安全气囊的弹出效果。

　　车辆启动时，如果安全气囊指示灯点亮，则表示安全气囊功能不正常。

图2-40　各类安全气囊的弹出效果

（四）天窗的检查

检查天窗的具体流程如下。

① 检查天窗工作是否正常，如图2-41（a）所示。这步主要是检查天窗开、关时是否有异响以及抖动。如果有，一般是因为天窗滑轨上有沙尘或是润滑不良。

② 检查天窗水槽是否清洁，如图2-41（b）所示。天窗水槽内的任何异物都可能造成排水管路的堵塞或造成天窗的异常磨损。检查天窗水槽时应重点检查前部挡板下方的水槽。

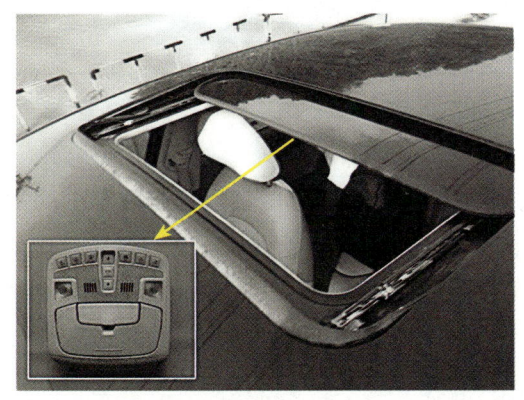

（a）检查天窗工作是否正常　　　　　　　（b）检查天窗水槽是否清洁

图2-41　天窗的检查

知识拓展

检查天窗时，还可检查其排水是否通畅，如图2-42所示。轿车一般具有左前、右前、左后、右后4条排水管，以便天窗水槽内的积水能顺利地排出车外。在检查排水时，最好能找个缓坡，并将车头朝向下坡方向，然后向水槽中缓慢倒入清水。如果在前轮附近的排水口很快便有连续的水流流出，则说明排水正常；如果水槽中的水下降缓慢，并且出水不畅，则说明排水管堵塞。

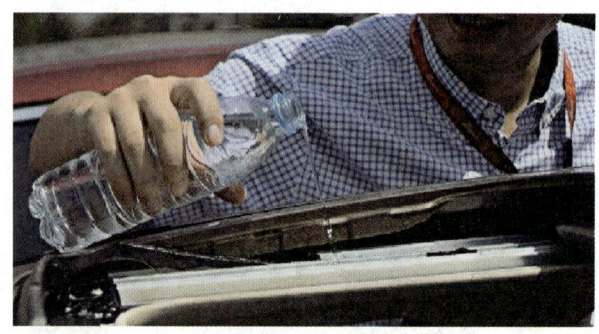

图2-42 检查天窗排水是否通畅

（五）安全带的检查

检查安全带功能是否正常。一般安全带上都装置有拉力限制器，缓慢用手将安全带向下拉时，安全带应能顺利地从卷绕器中拉出，但猛拉安全带时，则拉不动。如果安全带不具备上述特征，则为拉力限制器故障。此外，还要检查安全带插孔上的松开按钮，将安全带插扣插入插孔中，按下按钮，插扣应立即脱出。

提示

如果检查时发现安全带功能不正常，应在《二手车技术状况表》或《二手车鉴定评估报告》的技术状况缺陷描述中予以注明，并提示修复或更换前不宜使用。

（六）驻车制动系统的检查

检查驻车制动系统是否灵活有效。检查时，可用千斤顶将车辆后部支起，然后拉起驻车制动手柄（又称手刹，见图2-43）。正常情况下，车辆两后轮此时应该全部抱死；松开手刹后，两后轮应该自动解除抱死状态，转动自如。

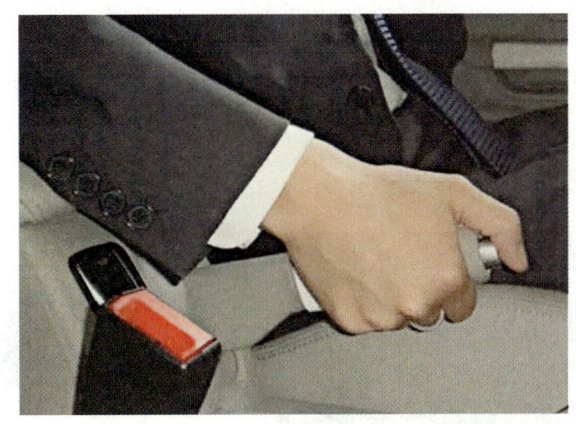

图2-43 手刹

(七) 车门、车窗和后视镜的检查

1. 车门和车窗密封条的检查

检查四个车门和车窗的密封条是否良好、无老化。密封条不仅可以防水，还可以隔音、防风，有非常大的作用，如果老化、破损，就会导致这些功能失效。老化后的密封条会变硬或开裂，如图2-44所示。

2. 车门和车窗工作是否正常的检查

可根据车辆说明书操作车门上的相应按键（见图2-45），检查各车窗玻璃升降、门窗锁定等功能是否正常。重点关注车窗玻璃在升降过程中是否有异响，是否顺畅，以及车门开关有无问题。

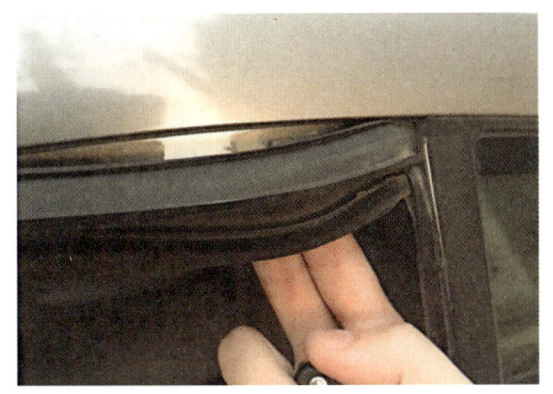

图2-44 车窗密封条老化

图2-45 车门上的相应按键

3. 后视镜折叠装置工作是否正常的检查

汽车的后视镜折叠装置分为手动和自动两种类型。通过操作车门上的后视镜自动折叠按键，可检查后视镜自动折叠装置的功能是否正常。

六、底盘的检查

底盘是汽车的车底主框架，汽车所有的动力部分（包括发动机、车轴、变速箱、差动器等）和悬挂系统都安装于底盘上。

底盘的检查

如图2-46所示为底盘全景图。检查底盘时，要使用汽车举升设备（见图2-47）将汽车举升到合适的高度，然后按如表2-17所示的作业表检查8个项目（代码85～92）。所有项选择A不扣分；第85和86项，选择C扣4分；第87和88项，选择C扣3分；第89至91项，选择C扣2分。在二手车技术状况鉴定中，底盘的份额分值为15分，扣完为止。

图2-46　底盘全景图

图2-47　汽车举升设备

表2-17　底盘检查项目作业表

代码	检查项目	状态	扣分
85	发动机油底壳是否无渗漏	A——是	0
		C——否	−4.0
86	变速箱体是否无渗漏	A——是	0
		C——否	−4.0
87	转向节臂球销是否无松动	A——是	0
		C——否	−3.0
88	三角臂球销是否无松动	A——是	0
		C——否	−3.0
89	传动轴十字轴是否无松旷	A——是	0
		C——否	−2.0
90	减振器是否无渗漏	A——是	0
		C——否	−2.0
91	减振弹簧是否无损坏	A——是	0
		C——否	−2.0
92	其他	只描述缺陷，不扣分	

下面介绍上述项目的具体检查方法。

① 检查发动机油底壳是否无渗漏，如图2-48所示。观察发动机油底壳是否有油渍，以及停车5分钟后检查地面是否有油迹。

② 检查变速箱体是否无渗漏，如图2-49所示。观察变速箱体外部及周围是否有油渍。

图2-48　检查发动机油底壳是否无渗漏

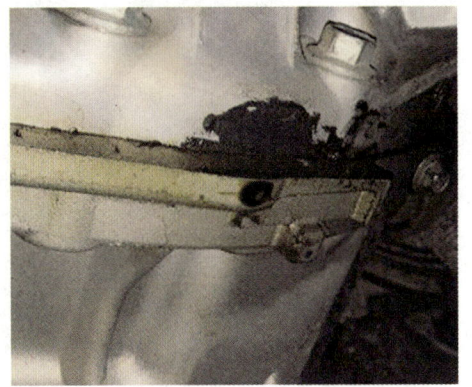

图2-49　检查变速箱体是否无渗漏

③ 检查转向节臂球销是否无松动，如图2-50所示。检查转向节臂球销的磨损情况，看其是否有松动。

④ 检查三角臂球销是否无松动，如图2-51所示。与检查转向节臂球销的方法相同。

图2-50　检查转向节臂球销是否无松动

图2-51　检查三角臂球销是否无松动

⑤ 检查传动轴的十字轴是否无松旷。检查传动轴的十字轴时，应检查相关的螺丝、螺母是否齐全，并检查十字轴是否有松动现象。

提示

> 不同品牌和型号的车辆，其底盘结构不同，底盘上各部件的位置和结构也不同。如图2-52所示为某款车型底盘上的转向节臂、减振器、传动轴和三角臂等部件。

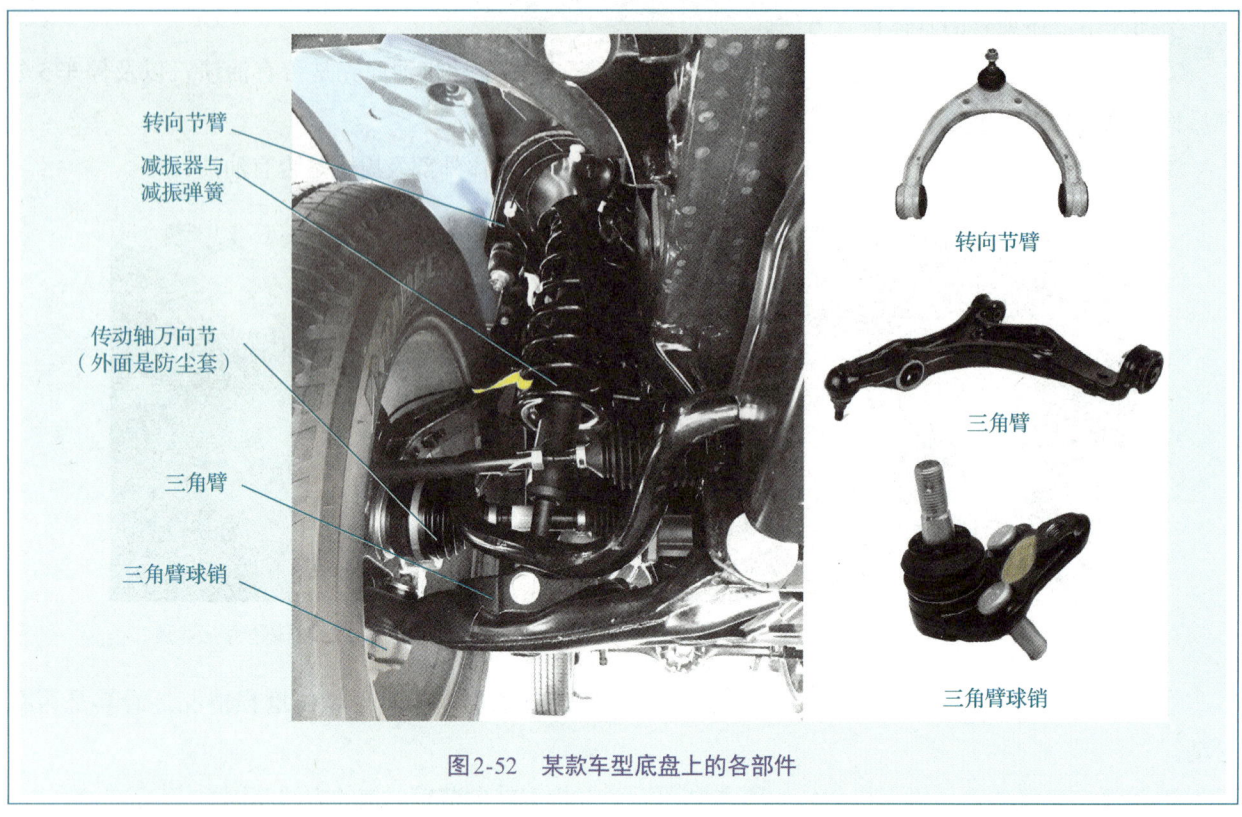

图2-52 某款车型底盘上的各部件

提示

传动轴是汽车传动系中传递动力的重要部件,由轴管、伸缩套和万向节组成。其中,万向节又分为十字轴式万向节(见图2-53)和球笼式万向节(见图2-54)等。

图2-53 传动轴(万向节为十字轴式)　　图2-54 传动轴(万向节为球笼式)

⑥ 检查减振器是否无渗漏。检查减振器时,应注意观察减振器上是否有油渍。

⑦ 检查减振弹簧是否无损坏。检查时,可观察底盘两侧减振弹簧的高低是否一致,如果不一致,则低的减振弹簧可能坏了。此外,也可分别用力向下压行李箱盖和发动机舱盖,然后迅速松手。如果减振弹簧无损坏,松手后,车的振动不应超过三次。

七、功能性零部件的检查

对于功能性零部件,其结构、功能正常的,在《二手车鉴定评估作业表》相关项目后面标注"√";结构、功能不正常的,在相关项目后面做详细缺陷描述;缺失的,在相关项目后面标注"×"。在二手车技术状况鉴定中,功能性零部件只做缺陷描述,不扣分。

功能性零部件的检查

车辆功能性零部件名称及其对应代码(代码93～113)如表2-18所示。

表2-18　车辆功能性零部件名称及其对应代码表

代码	类别	零部件名称	代码	类别	零部件名称
93	车身外部件	发动机舱盖锁止	105	随车附件	备胎
94		发动机舱盖液压撑杆	106		千斤顶
95		后门/行李箱液压支撑杆	107		轮胎扳手及随车工具
96		各车门锁止	108		三角警示牌
97		前、后雨刮器	109		灭火器
98		立柱密封胶条	110	其他	全套钥匙
99		排气管及消声器	111		遥控器及功能
100		车轮轮毂	112		喇叭高低音色
101	驾驶舱内部件	车内后视镜	113		玻璃加热功能
102		座椅调节及加热			
103		仪表板出风管道			
104		中央集控			

任务实训——二手车的静态检查

一、准备工作

① 将学生分组。

② 为每组学生准备一辆二手车及静态检查所需的工具,包括强光手电筒、漆面厚度检测仪、皮尺(或其他尺寸测量工具)和轮胎花纹深度尺。

③ 打印《二手车鉴定评估作业表》(见表2-19,本书配套素材提供了Word文件),并给每个学生发一份。

表2-19 二手车鉴定评估作业表

二手车鉴定评估作业表

2—左A柱；3—左B柱；4—左C柱；5—右A柱；6—右B柱；
7—右C柱；8—左前纵梁；9—右前纵梁；10—左前减振器悬挂部位；
11—右前减振器悬挂部位；12—左后减振器悬挂部位；
13—右后减振器悬挂部位。

流水号：				鉴定评估日	年 月 日	
厂牌型号				行驶里程	仪表	km
牌照号码					推定	km
VIN码				车身颜色		
发动机号				车主姓名/名称		
法人代码/身份证号码		首次登记日期		使用性质		
		年 月 日				
年检证明	□有（至___年___月）□无			车船税证明	□有（至___年___月）□无	
交强险	□有（至___年___月）□无			购置税证书	□有 □无	
其他法定凭证、证明		□号牌 □行驶证 □登记证书 □保险单 □其他				
是否为事故车	□否 □是	损伤位置及损伤状况				
车辆主要技术缺陷描述						
总得分						
技术等级						
估价方法						
参考价值						
评估师(签章)						
评估师证号						
审核人(签章)						
二手车鉴定评估结论						

评估单位名称(盖章)

车体骨架检查项目					驾驶舱检查	是/否	扣分
1		车体左右对称性			储物盒是否无裂痕，配件是否无缺失	是 否	
2	左A柱	8		左前纵梁	天窗是否移动灵活、关闭正常	是 否	
3	左B柱	9		右前纵梁	门窗密封条是否良好、无老化	是 否	
4	左C柱	10		左前减振器悬挂部位	安全带结构是否完整、功能是否正常	是 否	
5	右A柱	11		右前减振器悬挂部位	驻车制动系统是否灵活有效	是 否	
6	右B柱	12		左后减振器悬挂部位	玻璃窗升降器、门窗工作是否正常	是 否	
7	右C柱	13		右后减振器悬挂部位	左、右后视镜折叠装置工作是否正常	是 否	
代表字母	BX	NQ	GH	SH	ZZ	其他	
描述	变形	扭曲	更换	烧焊	褶皱	合计扣分	
缺陷描述					启动检查		扣分
事故判定		□事故车 □正常车			车辆启动是否顺畅（时间少于5 s，或一次启动）	是 否	
代码	车身检查	扣分	缺陷描述		仪表板指示灯显示是否正常，无故障报警	是 否	
14	发动机舱盖表面		划痕 HH		各类灯光和调节功能是否正常	是 否	
15	左前翼子板		变形 BX		泊车辅助系统工作是否正常	是 否	
16	左后翼子板		锈蚀 XS		制动防抱死系统（ABS）工作是否正常	是 否	
17	右前翼子板		裂纹 LW		空调系统风量、方向调节、分区控制、自动控制、制冷工作是否正常	是 否	
18	右后翼子板		凹陷 AX				
19	左前门		修复痕迹 XF		发动机在冷、热车状态下怠速运转是否稳定	是 否	
20	右前门		缺陷程度		急速运转时发动机是否无异响，空挡状态下逐渐加大发动机转速，发动机声音过渡是否无异响	是 否	
21	左后门						
22	右后门		1——面积≤(100×100) mm²;		车辆排气是否无异常	是 否	
23	行李箱盖		2——(100×100) mm²<面积≤(200×300) mm²;		驻车制动系统结构是否完整	是 否	
24	行李箱内侧				其他		
25	车顶		3——面积>(200×300) mm²;		合计扣分		
26	前保险杠		4——轮胎花纹深度<1.6 mm		路试检查		扣分
27	后保险杠						
28	左前轮		缺陷描述		发动机运转、加速是否正常	是 否	
29	左后轮				车辆启动前踩下制动踏板，保持5 s～10 s，踏板无向下移动的现象	是 否	
30	右前轮						
31	右后轮				踩住制动踏板启动发动机，踏板是否向下移动	是 否	
32	前大灯				行车制动系统最大制动效能在踏板全行程的4/5以内达到	是 否	
33	后尾灯						
34	前挡风玻璃				行驶是否无跑偏	是 否	
35	后挡风玻璃				制动系统工作是否正常有效、制动不跑偏	是 否	
36	四门车窗玻璃				变速箱工作是否正常、无异响	是 否	
37	左后视镜				行驶过程中车辆底盘部位是否无异响	是 否	
38	右后视镜				行驶过程中车辆转向系统是否无异响	是 否	
39	轮胎（备胎）				其他		
	其他项目				合计扣分		
	合计扣分				底盘检查		扣分
发动机舱检查		程度		扣分	发动机油底壳是否无渗漏	是 否	
机油有无冷却液混入		无 轻微 严重			变速箱体是否无渗漏	是 否	
缸盖外是否有机油渗漏		无 轻微 严重			转向节臂球销是否无松动	是 否	
前翼子板内缘、水箱框架、横拉梁有无凹凸或修复痕迹		无 轻微 严重			三角臂球销是否无松动	是 否	
					传动轴的十字轴是否无松旷	是 否	
散热器格栅有无破损		无 轻微 严重			减振器是否无渗漏	是 否	
蓄电池电极桩柱有无腐蚀		无 轻微 严重			减振弹簧是否无损坏	是 否	
蓄电池电解液有无渗漏、缺少		无 轻微 严重			其他		
发动机皮带有无老化		无 轻微 严重			合计扣分		
油管、水管有无老化、裂痕		无 轻微 严重			车辆功能性零部件列表		
线束有无老化、破损		无 轻微 严重			发动机舱盖锁止	仪表板出风管道	
其他					发动机舱盖液压支撑杆	中央集控	
合计扣分					后门液压支撑杆	备胎	
驾驶舱检查				扣分	行李箱液压支撑杆	千斤顶	
车内是否无水泡痕迹			是 否		各车门锁止	轮胎扳手及随车工具	
座椅是否完整、无破损、功能正常			是 否		前雨刮器	三角警示牌	
车内是否整洁、无异味			是 否		后雨刮器	灭火器	
转向盘自由行程是否小于20°			是 否		立柱密封胶条	全套钥匙	
车顶及周边内饰是否无破损、松动、裂缝和污迹			是 否		排气管及消声器	遥控器及功能	
					车轮轮毂	喇叭高低音色	
仪表台是否无划痕，配件是否无缺失			是 否		车内后视镜	玻璃加热功能	
排挡把手柄及护罩是否完好、无破损			是 否		座椅调节及加热		

自我评价（个人技能掌握程度）：□非常熟练　□比较熟练　□一般熟练　□不熟练
教师评语（包括查验的方法、全面性、准确性等方面，并按百分制给出成绩）：
静态检查部分：

成绩：_____

动态检查部分：

成绩：_____

总成绩：_____

教师签字：_____

_____年_____月_____日

二、实训方法

（一）填表说明

在静态检查过程中或检查完毕后填写《二手车鉴定评估作业表》，需要注意的事项如下。

① 第一页中的车辆基本信息和委托人信息可根据现场鉴定情况及项目一任务实施的结果填写，"车辆主要技术缺陷"栏及后面的信息暂不填写；第二页具体检查项目中的启动检查和路试检查项目暂不填写。

② 事故车的判定和损伤位置及损伤状况根据车体骨架检查项目的结果填写。例如，若车体骨架检查结果为左B柱变形，则在"缺陷描述"栏中填写"3BX"（部位代码和损伤代码），并在"事故车"栏前打钩，"正常车"栏前打叉。非事故车的，需要在车体骨架检查项目的"缺陷描述"栏中连接四个角的两条对角线，并在事故车判定栏中的"事故车"栏前打叉，"正常车"栏前打钩。

③ 车身检查栏有扣分项目的，需要在车身展开图的相应位置用代码标注缺陷状态及程度，具体示例如图2-55所示。

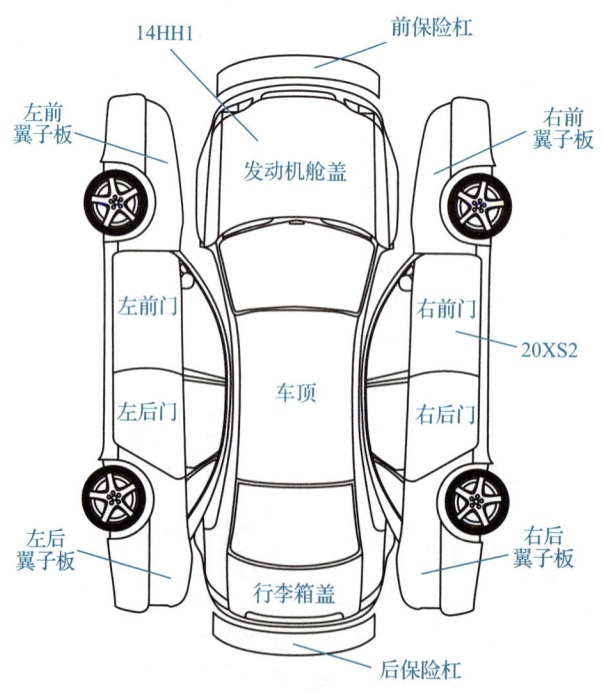

图2-55　用代码标注缺陷状态及程度的具体示例

提示

GB/T 30323规定，鉴定为事故车的，不再进行其他项目的检查，在二手车鉴定评估结论栏直接填写"事故车"三个字。本实训不使用此规格。

④ 所有扣分项目，"扣分"栏的分值一律用负号，未扣分的项目在"扣分"栏中连接四个角的两条对角线，防止信息被人为篡改。

⑤ 属于问答式的检查项目，包括"是""否""无""轻微""严重"，在表中根据检查结果将答案用圆圈圈起来。如表2-20为《二手车鉴定评估作业表》填写示例。

表2-20 《二手车鉴定评估作业表》填写示例

	车体骨架检查项目					驾驶舱检查			扣分
1	车体左右对称性					储物盒是否无裂痕、配件是否无缺失	是	否	
2	左A柱	8		左前纵梁		天窗是否移动灵活、关闭正常	是	否	
3	左B柱	9		右前纵梁		门窗密封条是否良好、无老化	是	否	
4	左C柱	10		左前减振器悬挂部位		安全带结构是否完整、功能是否正常	是	否	
5	右A柱	11		右前减振器悬挂部位		驻车制动系统是否灵活有效	是	否	
6	右B柱	12		左后减振器悬挂部位		玻璃窗升降器、门窗工作是否正常	是	否	-1.0
7	右C柱	13		右后减振器悬挂部位		左、右后视镜折叠装置工作是否正常	是	否	
代表字母	BX	NQ	GH	SH	ZZ	其他			
描述	变形	扭曲	更换	烧焊	褶皱	合计扣分			-1.0
缺陷描述						启动检查			扣分
事故判定		☒事故车		✓正常车		车辆启动是否顺畅（时间少于5 s，或一次启动）	是	否	
代码	车身检查	扣分		缺陷描述		仪表板指示灯显示是否正常，无故障报警	是	否	
14	发动机舱盖表面		划痕	HH		各类灯光和调节功能是否正常	是	否	
15	左前翼子板		变形	BX		泊车辅助系统工作是否正常	是	否	
16	左后翼子板		锈蚀	XS		制动防抱死系统（ABS）工作是否正常	是	否	
17	右前翼子板		裂纹	LW		空调系统风量、方向调节、分区控制、自动控制、制冷工作是否正常	是	否	
18	右后翼子板		凹陷	AX					
19	左前门	-0.5	修复痕迹	XF		发动机在冷、热车状态下急速运转是否稳定	是	否	
20	右前门		缺陷程度			急速运转时发动机是否无异响，空挡状态下逐渐增加发动机转速，发动机声音过渡是否无异响	是	否	
21	左后门								
22	右后门		1——面积≤(100×100) mm²；						
23	行李箱盖		2——(100×100) mm²＜面积≤(200×300) mm²；			车辆排气是否无异常	是	否	
24	行李箱内侧					其他			
25	车顶		3——面积＞(200×300) mm²；			合计扣分			
26	前保险杠		4——轮胎花纹深度＜1.6 mm						
27	后保险杠					路试检查			扣分
28	左前轮		缺陷描述			发动机运转、加速是否正常	是	否	
29	左后轮		左前门有划痕，面积小于(100×100) mm²			车辆启动前踩下制动踏板，保持5 s～10 s，踏板无向下移动的现象	是	否	
30	右前轮								
31	右后轮					踩住制动踏板启动发动机，踏板是否向下移动	是	否	

（二）实训步骤

静态检查二手车技术状况时，可按本任务"相关知识"的讲解顺序进行检查，即按"事故车→车身外观→发动机舱→驾驶舱→底盘→功能性零部件"的作业顺序进行检查；也可对检查流程进行优化，首

先远观车身（车体左右对称性检查），然后从驾驶舱和左前门开始，按顺时针方向绕车一周进行检查。在对二手车技术状况进行鉴定时，常使用第二种方式。

下面是第二种检查方式的示例步骤。

① 远观车身。分别从车身左前方和右前方45°角位置检查车体的左右对称性。

② 检查驾驶舱，包括驾驶舱功能性零部件的检查。

③ 检查左前门及左A柱。左前门包括门框、门槛、内饰板、门外板、门密封条、车窗玻璃、车窗玻璃密封条、左后视镜等的检查。其他步骤中车门的检查方法与此类同。

④ 检查左前翼子板、左前轮和轮毂。检查左前翼子板时，除检查其损伤和漆面状况外，还要检查其与保险杠、左前大灯、左前门等接合处的缝隙情况。其他车身覆盖件的检查方法与此类同。

⑤ 检查车前部，包括前挡风玻璃、发动机舱盖、车顶、保险杠、前大灯、中网（汽车前面的散热格栅）、发动机舱、前纵梁等的检查，以及位于车前部的功能性零部件的检查。

> 检查发动机舱时，除检查"相关知识""四、发动机舱的检查"中讲解的项目外，由于左右前减振器悬挂部位位于发动机舱内部，因此也需要一并检查。左右前纵梁可在发动机舱中检查或从汽车底部检查。
>
> 此外，汽车铭牌一般位于发动机舱内部或驾驶舱车门下部。鉴定二手车时，须找到此铭牌，核对上面记录的车辆识别代号和发动机号等是否与机动车登记证书、机动车行驶证上的一致，如果不一致或有凿改痕迹，则该二手车可能是事故车或拼装车。

⑥ 检查右前翼子板、右前轮和轮毂。

⑦ 检查右前门及右A柱。

⑧ 检查右后门及右B柱。

⑨ 检查右后翼子板、右C柱及右后轮和轮毂。注意检查翼子板与油箱盖结合处是否有钣金和喷涂痕迹。有的车型的油箱盖在左后翼子板处。

⑩ 检查车后部，包括后尾灯、后保险杠、行李箱盖、后挡风玻璃、行李箱内侧、行李箱底板、左右后减振器悬挂部位等的检查，以及位于车后部的功能性零部件的检查。

⑪ 检查左后翼子板、左C柱及左后轮和轮毂。

⑫ 检查左后门及左B柱。

⑬ 检查底盘（须将车辆举升进行检查）。

笔记

旗帜引领

二手车经纪人蓄势待发

　　2021年3月，人力资源社会保障部会同国家市场监督管理总局、国家统计局向社会正式发布了18个新职业信息，二手车经纪人位列其中。炎热的6月既是报考季，也是毕业季。有报道称，二手车经纪人受热捧，月收入可观，相关专业毕业生就业情况大好。

　　在新职业发布后，人力资源社会保障部将会同相关部门和单位加快新职业的职业标准开发，指导人才培养培训，提升从业人员的素质和能力，打造数量充足、素质优良的从业人员队伍。相关专家说："二手车经纪人被确认为新职业的意义在于增强了从业人员的社会认同度、促进了就业创业、引领了职业教育培训改革、推动了产业发展。由'车贩子'到'二手车经纪人'的职业转型，也能倒逼从业人员提升素质和能力，为二手车交易提供更加专业、优质的服务。"

　　"以前大家眼中的二手车从业人员文化程度不高、专业素质低、社会认可度低；现在大家眼中的二手车从业人员则是专业技术型人才、服务应用型人才，薪资高、待遇好。"专家说，"随着薪资待遇的提升以及社会的认可，就汽车类专业而言，目前学生和家长对于二手车专业普遍看好，选择入读二手车专业的学子也越来越多。"

　　现如今，我国二手车行业前景广阔，部分地区二手车还处于供不应求的状态。从美国新车与二手车销量达到1∶3的比例看，我国二手车交易规模还有很大的增长空间，年交易量应可达到4 000万辆。汽车更新换代，带来大量二手车交易需求。二手车交易涉及品牌认证、拍卖交易、委托交易及各种金融服务、质保等业务，由此催生出了专业的"二手车经纪人"，他们将为客户提供专业化的交易咨询和交易服务，进而满足客户对汽车的个性化需求。

　　如同二手房行业有房地产估价师和房地产经纪人一样，二手车行业现在也匹配了二手车鉴定评估师和二手车经纪人职业。当下二手车市场广而散，中小企业创业机会更多，未来从事二手车经纪人一职一定会大有可为。并且，我们有理由相信，随着社会的不断发展，即将步入社会的青年对于职业的选择会更加的多元化。

（资料来源：百度百家号，有改动）

任务二 二手车的动态检查

 **情景导入**

小王在老李的指导下,已经可以独自对二手车进行静态检查,老李认为小王可以开始下一个阶段的学习了,即二手车动态检查的学习了。

某天,二手车市场收到一辆2018款丰田卡罗拉轿车,该车外观几乎没有缺陷,老李和小王进行其他项目的静态检查后,也没有发现什么问题。随后,老李和小王将该车行驶至空旷场所进行路试。路试过程中,老李和小王发现该车在高速行驶的时候,会发生抖动现象。进一步检查发现,该车变速箱存在缺陷,需要更换才可以解决问题。

小王以前一直觉得二手车动态检查不过就是开着车去路上溜达一圈,现在才发现并不是自己所想象的那么简单,因为通过动态检查(包括启动检查和路试检查)可以发现二手车上有很多隐藏的问题。

 **相关知识**

一、启动检查

(一)启动检查概述

进行二手车启动检查时,可按如表2-21所示的要求检查10个项目(代号65~74)。所有项选择A不扣分;第65和66项选择C扣2分;第67项选择C扣1分;第68至71项选择C扣0.5分;第72和73项选择C扣10分。在二手车技术状况鉴定中,启动检查的份额分值为20分,扣完为止。

启动检查

表2-21 启动检查项目作业表

代号	检查项目	状态	扣分
65	车辆启动是否顺畅(时间小于5秒,或一次启动)	A——是	0
		C——否	−2.0
66	仪表板指示灯显示是否正常,无故障报警	A——是	0
		C——否	−2.0
67	各类灯光和调节功能是否正常	A——是	0
		C——否	−1.0

表2-21（续）

代号	检查项目	状态	扣分
68	泊车辅助系统工作是否正常	A——是	0
		C——否	-0.5
69	ABS工作是否正常	A——是	0
		C——否	-0.5
70	空调系统风量、方向调节、分区控制、自动控制、制冷工作是否正常	A——是	0
		C——否	-0.5
71	发动机在冷、热车状态下怠速运转是否稳定	A——是	0
		C——否	-0.5
72	怠速运转时发动机是否无异响，空挡状态下逐渐增加发动机转速，发动机声音过渡是否无异响	A——是	0
		C——否	-10.0
73	车辆排气是否无异常	A——是	0
		C——否	-10.0
74	其他	只描述缺陷，不扣分	

（二）车辆启动是否顺畅和仪表板指示灯的检查

1．启动是否顺畅

车辆启动步骤如下。

① 插入钥匙，拧钥匙到ON位置，此时车辆通电，全车电脑芯片和传感器都得到电力，6~10秒后，传感器会全部自检一遍，如果某个传感器或者芯片电路有问题，车辆就会在启动发动机之前通过指示灯予以警告，让驾驶员在第一时间得知。

② 自检后没问题，即所有仪表全部熄灭后，再拧钥匙到START位置，启动发动机。

对二手车启动是否顺畅的判断标准：如果发动机启动时间小于5秒或一次启动，则为合格；反之，则不合格。

2．仪表板指示灯显示是否正常，无故障报警

汽车仪表板上各种指示灯的作用是帮助驾驶员判断车辆各部件的运行情况，如有异常，指示灯会及时发出提醒，以便驾驶员及时发现安全隐患，预防事故的发生，从而保证车辆的正常运行。如表2-22所示为汽车仪表板上各种指示灯的标识符号及其含义。

表2-22 汽车仪表板上各种指示灯的标识符号及其含义

指示灯名称	标识符号	指示灯含义	指示灯名称	标识符号	指示灯含义
机油指示灯		指示灯点亮，发动机内机油的压力过低或油量不足	清洗液指示灯		指示灯点亮，车辆所装玻璃清洗液过少
燃油指示灯		指示灯点亮，燃油箱油量不足	示宽指示灯		指示灯点亮，车辆示宽灯处于使用状态
冷却液温度指示灯		指示灯点亮，发动机内冷却液温度过高或冷却液不足	安全带指示灯		指示灯点亮，安全带没有处于锁止状态
手刹指示灯		指示灯点亮，手刹处于拉起状态；手刹放下后，指示灯熄灭	气囊指示灯		指示灯点亮，安全气囊系统异常
刹车盘指示灯		指示灯点亮，车辆刹车盘磨损过度	O/D挡指示灯		指示灯点亮，说明O/D挡已锁止，此时加速能力获得提升
充电系统指示灯		指示灯点亮，蓄电池出现问题，须更换	ABS指示灯		启动车辆时，ABS指示灯常亮或不亮，说明ABS出现故障
车门指示灯		指示灯点亮，车门未关或未关好	胎压指示灯		指示灯点亮，汽车轮胎亏气
转向指示灯		指示灯点亮，对应方向转向灯处于使用状态	发动机故障指示灯		指示灯常亮或者不亮，或在车辆行驶以后突然点亮，说明发动机出现故障
远光指示灯		指示灯点亮，车辆远光灯处于使用状态	ESP指示灯		一般情况下，配置有ESP的车辆默认ESP是开启状态的，如果ESP指示灯点亮，则可能是关闭了ESP，也可能是ESP出现了故障
近光指示灯		指示灯点亮，车辆近光灯处于使用状态	发动机舱盖指示灯		指示灯点亮，发动机舱盖处于开启状态
前、后雾灯指示灯		指示灯点亮，对应雾灯处于使用状态	行李箱盖指示灯		指示灯点亮，行李箱盖处于开启状态

> 若发现仪表板指示灯显示异常或出现故障报警,应查明原因(可通过汽车故障诊断仪查明),并在《二手车技术状况表》或《二手车鉴定评估报告》的技术状况缺陷描述中予以注明。

(三)其他项目的检查

1. 各类灯光和调节功能是否正常

检查的灯光包括示宽灯、刹车灯、转向灯、警告灯(双闪)、雾灯、夜行照明灯(分远光和近光两种)、日间行车灯等,可通过调节各种灯光的功能键,判断相应灯光是否可以正常工作。

2. 泊车辅助系统工作是否正常

泊车辅助系统(见图2-56)又称倒车雷达,检查时,可适当倒车,看其是否可以正常显示与报警。

3. ABS工作是否正常

检查ABS最直接的方法是在行驶中(速度约50 km/h)猛踩刹车,在将刹车踏板踩死时感觉踏板是否有弹脚的感觉。如果没有弹脚的感觉,则说明ABS工作异常。此外,ABS指示灯常亮也说明ABS有故障。ABS工作不正常会影响车辆在紧急刹车时的安全性,因此应及时排查问题所在,判断是ECU控制单元(又称"行车电脑")故障所致,还是ABS轮速传感器被污泥覆盖失灵所致。

4. 空调系统风量、方向调节、分区控制、自动控制、制冷工作是否正常

检查时,先打开空调开关(见图2-57),然后根据车辆说明书,通过各功能键调节空调的风量、风向和温度等。可以将手放在空调出风口,感觉风量大小和温度高低。

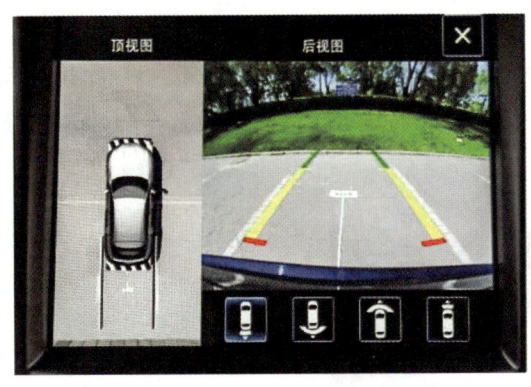
图2-56 泊车辅助系统

图2-57 空调开关

5. 发动机在冷、热车状态下怠速运转是否稳定

怠速是指发动机空转时的转速或工作状态。发动机运转时,如果完全放松油门踏板,此时发动机就处于怠速状态。检查发动机怠速运转是否稳定,主要是通过发动机在冷车、热车状态下的怠速(可通过发动机转速表查看,见图2-58)及是否容易熄火等来判断的。

由于冷车时,发动机会自动通过比正常怠速燃烧更多的燃油,来让发动机快速达到正常工作的温度(即热车),因此怠速会比较高,一般在1 000~1 400 r/min之间(根据车型及环境温度的不同而有所差

异)。当发动机的温度上升到热车温度后,怠速就会降低到正常值,一般在700 r/min左右。

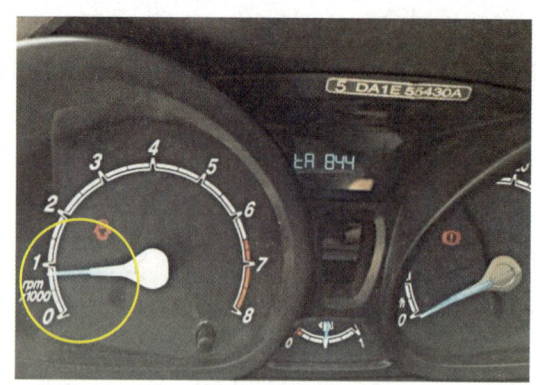

图2-58　查看发动机怠速

发动机在冷车、热车状态下的怠速过高,会造成发动机油耗增加、磨损加快、噪声大等问题;而怠速过低,则会使发动机在车辆起步或行驶过程中容易熄火。

6. 怠速运转时发动机是否无异响

检查发动机在怠速运转时是否无异响,可在空挡状态下逐渐增加发动机转速,听发动机的声音是否存在异响(如金属撞击声或者摩擦声)。

7. 车辆排气是否无异常

汽车排气管排出的尾气颜色应为无色或淡灰色,检查车辆排气是否无异常(可将油门加大进行检查),若排出的是黑烟、蓝烟或白烟,则表示车辆排气不正常。

提示

二手车鉴定评估机构一般都配有汽车故障诊断仪(又称汽车解码器,见图2-59),利用它可以快速对汽车故障进行诊断和定位,并为故障的解决提供帮助和建议,同时还能做车辆的日常检测,让二手车鉴定评估人员快速了解二手车的现时技术状况和性能。

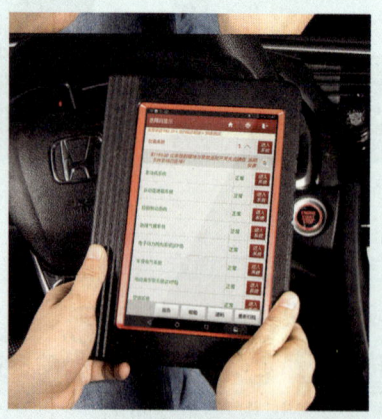

图2-59　汽车故障诊断仪

二、路试检查

路试是指二手车鉴定评估人员在不同环境下及道路上对二手车进行驾驶测试,目的是及时发现在静态检查和启动检查中不易发现的车辆缺陷。

路试时,可按如表2-23所示的要求检查10个项目(代号75~84)。选择A不扣分,选择C扣2分。在二手车技术状况鉴定中,路试的份额分值为15分,扣完为止。

路试检查

表2-23 路试检查项目作业表

序号	检查项目	状态	扣分
75	发动机运转、加速是否正常	A——是	0
		C——否	-2.0
76	车辆启动前踩下制动踏板,保持5~10秒,制动踏板无向下移动的现象	A——是	0
		C——否	-2.0
77	踩住制动踏板启动发动机,制动踏板是否向下移动	A——是	0
		C——否	-2.0
78	行车制动系统最大制动效能在制动踏板全行程的4/5以内达到	A——是	0
		C——否	-2.0
79	行驶是否无跑偏	A——是	0
		C——否	-2.0
80	制动系统工作是否正常有效、制动不跑偏	A——是	0
		C——否	-2.0
81	变速箱工作是否正常、无异响	A——是	0
		C——否	-2.0
82	行驶过程中车辆底盘部位是否无异响	A——是	0
		C——否	-2.0
83	行驶过程中车辆转向系统是否无异响	A——是	0
		C——否	-2.0
84	其他	只描述缺陷,不扣分	

下面介绍上述项目的具体检查方法。

① 检查启动前和启动时制动踏板的状态。根据检查要求,在车辆启动前踩下制动踏板,保持5~10秒,感觉制动踏板有无向下移动的现象,若有,则表示不正常;然后踩住制动踏板启动发动机,感觉制动踏板是否向下移动,若不能,则表示不正常。

> **提示**
>
> 制动踏板有一个自由行程，一般为15～20 mm。启动车辆前在此范围内下移是正常的。

② 检查发动机运转、加速是否正常。检查时应平稳踩住加速踏板，将车速从0加速到60 km/h，观察发动机转速与车速间的变化。若踩下加速踏板后，发动机转速不能立即提升，加速反应迟缓，或在加速过程中出现发动机抖动、转速波动、回火、放炮等现象，则说明发动机加速不正常。

③ 行车制动系统最大制动效能在制动踏板全行程的4/5以内达到。检查时应确保车辆在正常行驶状态下，踩下制动踏板全行程的4/5以内，车辆可以停下来。

④ 检查行驶是否无跑偏。将车辆开到空旷场地，并保持40 km/h的速度，然后将双手短暂放开转向盘（见图2-60），观察车辆是否存在跑偏的情况。

图2-60 双手短暂放开转向盘

⑤ 检查制动系统工作是否正常有效、制动不跑偏。检查时应选择空旷场地，在大约50 km/h车速时，使用紧急制动（迅速抬起加速踏板，并立即用力猛踩制动踏板，同时踩下离合踏板），测试车辆的制动距离、ABS工作状态是否正常，以及是否有制动跑偏等问题。我国对不超过九座的载客汽车的制动距离要求：初速度为50 km/h时，不超过19 m。

> **提示**
>
> 如果检查该项目时发现制动系统出现制动距离长、跑偏等不正常现象，则应在《二手车技术状况表》或《二手车鉴定评估报告》的技术缺陷描述中予以注明，并提示修复前不宜使用。

⑥ 检查变速箱工作是否正常、无异响。在车辆行驶时切换各挡位，看换挡是否顺畅及是否无异响。若在换挡时有无法进挡或挂挡、车辆行驶不正常等情况发生，则说明变速箱可能存在问题。

⑦ 检查行驶过程中车辆底盘部位是否无异响。检查时应匀速驾驶车辆，聆听底盘声音是否正常。

⑧ 检查行驶过程中车辆转向系统是否无异响。检查时应保持约5 km/h的车速，将转向盘转向一侧极限，检查是否有异常，然后换另一个方向做同样的测试。若在转向过程中发生车头有异响，或者转向盘有振动、抖动等现象，则说明转向系统可能存在故障。

任务实训——二手车的动态检查

一、准备工作

① 将学生分组。
② 为每组学生准备一辆二手车。
③ 打印《二手车技术状况表》（见表2-24，本书配套素材提供了Word文件），并给每个学生发一份。

表2-24　二手车技术状况表

车辆基本信息	厂牌型号		牌照号码	
	发动机号		车辆识别代号（VIN）	
	注册登记日期	年　月　日	表征里程	万千米
	品牌名称	□国产　□进口	车身颜色	
	年检证明	□有（至___年___月）□无	购置税证书	□有　□无
	车船税证明	□有（至___年___月）□无	交强险	□有（至___年___月）□无
	使用性质	□营运用车　□出租车　□公务用车　□家庭用车　□其他		
	其他法定凭证、证明	□机动车号牌　□机动车行驶证　□机动车登记证书　□第三者强制保险单　□其他		
	车主名称/姓名		企业法人证书代码/身份证号码	
重要配置	燃料标号		排量		缸数	
	发动机功率		排放标准		变速器形式	
	安全气囊		驱动方式		ABS	□有　□无
	其他重要配置					
是否为事故车	□是　□否	损伤位置及损伤状况				
鉴定结果	分值		技术状况等级			
车辆技术状况鉴定缺陷描述	鉴定科目	鉴定结果（得分）	缺陷描述			
	车身检查					
	发动机舱检查					
	驾驶舱检查					
	启动检查					
	路试检查					
	底盘检查					

表2-24（续）

声明： 　　本二手车技术状况表所体现的鉴定结果仅为鉴定日期当日被鉴定车辆的技术状况表现与描述，若在当日内被鉴定车辆的市场价值或因交通事故等而导致车辆的价值发生变化，对车辆鉴定结果产生明显影响时，本二手车技术状况表不作为参考依据。 二手车鉴定评估师：_____　　　　　　　　　　　鉴定单位：(盖章)_____ 　　　　　　　　　　　　　　　　　　　　　　　　　　　鉴定日期：_____年_____月_____日 　　注：本二手车技术状况表由二手车经销企业、拍卖企业、经纪企业使用，作为二手车交易合同的附件。车辆展卖期间，放置在驾驶室前挡风玻璃左下方，供消费者参阅。
自我评价（个人技能掌握程度）：□非常熟练　□比较熟练　□一般熟练　□不熟练 教师评语（包括全面性、准确性等方面，并按百分制给出成绩）：   成绩：_____ 教师签字：_____ _____年_____月_____日

二、实训方法

① 对现场二手车进行动态检查，并完成上一任务中《二手车鉴定评估作业表》的启动检查、路试检查及第一页中未填写的部分。（第一页的"估价方法"栏和"参考价值"栏暂不填写。）

② 结合本车的基本信息与填写完毕的《二手车鉴定评估作业表》，填写《二手车技术状况表》。

旗帜引领

粤港澳二手车行业人员珠海竞技

2021年11月1日，由珠海市人力资源和社会保障局、珠海市总工会主办的珠海市二手车行业二手车鉴定评估师职业技能竞赛在金湾区美满车城举行。竞赛吸引了近70名粤港澳三地二手车行业人员积极报名参加。

比赛中，参赛者以饱满的状态、昂扬的斗志投入比赛，用实际行动追求更高、更强的技能，弘扬劳模精神、劳动精神和工匠精神，展示了二手车行业从业人员的专业形象和精神风貌。根据竞赛标准，对理论及实操成绩优秀者并获得第一名的选手，由珠海市人力资源和社会保障局授予"珠海市技术能手"荣誉称号，并颁发荣誉证书。

此次竞赛旨在贯彻落实国家标准GB/T 30323，建立二手车信息透明机制，树立行业诚信验收标准，提升整个二手车行业综合能力。竞赛承办方二手车行业协会有关负责人表示，竞赛给予了广大二手车鉴定评估师切磋技艺、取长补短的机会，并通过考核反映出当下二手车鉴定评估师们普遍存在的问题以及改进的方向，希望通过竞赛带动全行业不断进步、不断提高，为二手车消费者呈现出一个更加良好、透明、诚信的二手车市场环境。

（资料来源：观海融媒，有改动）

项目二　二手车技术状况鉴定

任务三　二手车拍照

情景导入

对二手车的技术状况鉴定完毕后,需要对其拍照以存档。小王平时拍照喜欢开滤镜,在给二手车拍照时,他习惯性地选择了一个自己喜欢的滤镜。老李看过小王拍的照片后,严厉地批评了他,因为加过滤镜之后的照片会使车身颜色失真,导致照片无法使用。

老李告诉小王,在给二手车拍照时,所拍照片要准确、清晰地反映二手车的整体外形、重要局部和缺陷点。

相关知识

二手车照片用于建立二手车鉴定评估档案,以便消费者对二手车的优点和缺点有一个直观的认识。二手车照片一般包括整体外形照、局部位置照和缺陷点正面照,拍摄时应尽可能地采用正面光,以使二手车的轮廓分明,车身颜色真实。

为二手车拍照

一、整体外形照

二手车的整体外形照应从以下几个方向拍摄。

① 从二手车的正前方向拍摄,如图2-61(a)所示。

② 从二手车的左前侧45°方向拍摄,如图2-61(b)所示。

③ 从二手车的正侧面方向拍摄,如图2-61(c)所示。

④ 从二手车的正后方向拍摄,如图2-61(d)所示。

⑤ 从二手车的右后侧45°方向拍摄,如图2-61(e)所示。

（a）正前方向拍摄

（b）左前侧45°方向拍摄

（c）正侧面方向拍摄

（d）正后方向拍摄

（e）右后侧45°方向拍摄

图2-61 二手车的整体外形照

> **注 意**
>
> 在给二手车拍整体外形照前，要求车身必须干净，前挡风玻璃及仪表台上无杂物，各个车门处于关闭状态，并保证转向盘回正，前轮处于直线行驶状态。

二、局部位置照

二手车的局部位置照应包括仪表台操纵杆照、前排座椅照、后排座椅照、发动机舱照、行李箱照和底盘照等，如图2-62所示。

（a）仪表台操纵杆照

（b）前排座椅照

（c）后排座椅照

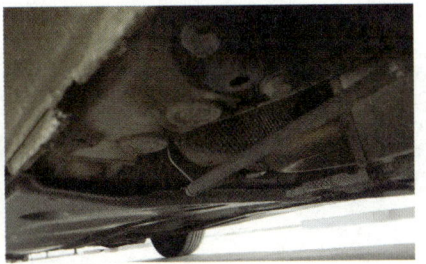

　　（d）发动机舱照　　　　　　（e）行李箱照　　　　　　　（f）底盘照

图2-62　二手车的局部位置照

三、缺陷点正面照

二手车的缺陷点正面照可以给想购买二手车的消费者提供参考，如图2-63所示。

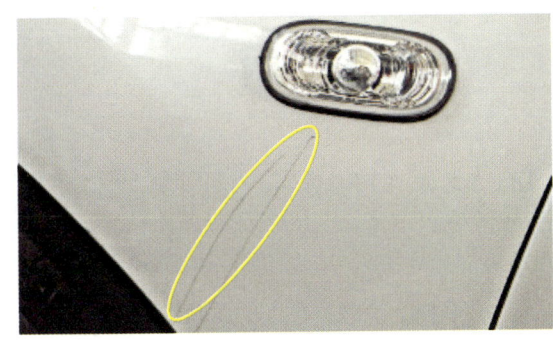

　　　　（a）划痕　　　　　　　　　　　　　（b）渗液

图2-63　二手车的缺陷点正面照

任务实训——二手车拍照

一、准备工作

将学生分组，为每组学生准备一辆二手车和一部照相机（也可用学生自己的手机拍摄）。

二、实训方法

学生利用事先准备好的照相机（或手机）为指定的二手车拍照，并完成如表2-25所示的工作单。

表2-25　二手车拍照考核工作单

班级		姓名		学号	
为二手车拍摄照片，并将拍摄的照片粘贴在下面：					
自我评价（个人技能掌握程度）：□非常熟练　□比较熟练　□一般熟练　□不熟练 教师评语（包括拍摄位置、拍摄角度等方面，并按百分制给出成绩）：					成绩：_____ 教师签字：_____ _____年_____月_____日

笔记

_____
_____
_____
_____
_____
_____
_____
_____

项目二 二手车技术状况鉴定

旗帜引领

二手车从宜春走向非洲

2021年4月以来，宜春市陆续向尼日利亚出口二手车42辆，总货值195万元。这是宜春市二手车首次出口到非洲，实现了江西省二手车出口零的突破。

宜春市具有较强的货运产业基础，其中高安市是我国主要的二手车交易集散地之一，货车保有量超15万辆，年交易二手货车6万余辆。2020年11月，商务部、公安部联合印发《关于扩大二手车出口业务地区范围的通知》，批复宜春市为全国第二批开展二手车出口业务地区，宜春市也是江西省目前唯一一个获批地区。宜春市两家综合实力较强的企业获得首批备案资格。

为推动二手车出口，宜春市海关在试点前期主动到商务主管部门、车管所等单位，就二手车出口试点工作进行交流和对接，研究拟定二手车出口海关通关指引，建立快速通关、查验工作机制，并指派专人跟进指导，实现了二手车许可证从"一车一证"到"一批一证"的申领，最大限度地为二手车出口提供通关便利化服务。

在宜春市海关、商务主管部门帮助指导下，高安市正广通进出口有限公司把握政策，在尼日利亚设立分支机构，首度进军非洲二手车市场。宜春市海关积极帮助协调报关代理、物流代理、港务公司等，促成了该公司二手车顺利出口。据悉，从2021年4月份起，该公司已向尼日利亚出口5批次共计42辆，均为二手自卸车、大货车。

（资料来源：搜狐网，有改动）

思考与练习

一、填空题

1．二手车技术状况鉴定包括_____和_____两个方面。

2．事故车是指因非自然损耗的事故而造成车辆伤损，导致其_____、经济价值下降的车辆。

3．车身外观缺陷状态主要包括_____、_____、_____、_____、_____和修复痕迹。

4．要检查机油有无冷却液混入，有_____和_____两种方法。

5．通过底盘检查变速箱体时，主要检查其_____。

6．在检查车辆启动是否顺畅时，如果发动机启动时间小于_____秒或_____次启动，则判定为合格。

7．为二手车拍照时，需要拍摄_____、_____和缺陷点正面照。

二、单项选择题

1. 下列（　　）对判断二手车是否出过事故的作用最小。

   A．底盘　　　　　B．纵梁　　　　　C．车身缝隙　　　　D．车窗玻璃

2. 在检查车体左右部件是否对称时，车体外缘左、右对称部位的高度差不得大于（　　）mm，否则为事故车。

   A．10　　　　　　B．20　　　　　　C．40　　　　　　　D．60

3. 在车体结构中主要受力构件不包括（　　）。

   A．行李箱盖　　　B．后纵梁　　　　C．A柱　　　　　　D．前纵梁

4. 汽车排气管排出的尾气颜色应为（　　）。

   A．无色或淡灰色　B．蓝色　　　　　C．黑色　　　　　　D．白色

5. 在检查二手车左A柱时，发现有明显的烧焊痕迹，说明（　　）。

   A．车辆可能出过交通事故　　　　　B．车辆使用年限较长
   C．车辆失过火　　　　　　　　　　D．车辆被偷盗过

6. 在对二手车进行技术状况鉴定时，发动机舱的份额分值为（　　）分。

   A．20　　　　　　B．15　　　　　　C．10　　　　　　　D．30

7. 对轮胎进行外观检查时，不包括（　　）。

   A．花纹深度　　　B．裂纹　　　　　C．凹陷　　　　　　D．直径

8. 路试时，通过换挡检查变速箱工作是否正常，不包括（　　）。

   A．换挡是否顺畅　　　　　　　　　B．换挡是否无异响
   C．车辆是否跑偏　　　　　　　　　D．车辆行驶是否正常

三、思考题

1. 举例说明检查车身外观时，通过哪些现象可判断车辆出过交通事故。
2. 发动机舱的检查主要包括哪几个方面？
3. 底盘的检查主要包括哪几个方面？
4. 汽车的13个车身覆盖件包括哪些部件？
5. 启动检查主要包括哪几个方面？

项目三
二手车价值评估

项目导读

二手车价值评估是指对被评估车辆的数据资料、技术鉴定资料进行整理，根据评估目的选择合适的评估标准和方法，本着客观、公正的原则对车辆价值进行估算，确定评估结果，并按照规定向委托方和有关方面提交说明车辆评估过程和结果的书面报告。通过本项目的学习，学生能够运用科学的方法评估二手车的价值，完成二手车鉴定评估工作。

学习目标

1. 掌握市场上常用的计算二手车成新率的方法，能够根据评估条件选择合适的方法计算二手车的成新率。
2. 掌握重置成本法和现行市价法的概念、公式和特点，能够根据评估目的选择合适的方法评估二手车的价值。
3. 熟悉二手车鉴定评估报告的撰写方法，能够根据《二手车鉴定评估作业表》《二手车技术状况表》和二手车法定凭证等资料，独立撰写二手车鉴定评估报告。

素质目标

1. 激发爱党、爱国、爱社会主义的巨大热情。
2. 树立客观、严谨、细致的工作作风。
3. 弘扬爱岗敬业、忠于职守的职业精神。
4. 树立技能成才、技能报国的人生理想。

任务一　计算二手车成新率

情景导入

实习生小王经过几周的学习,已经可以很熟练地鉴定二手车的技术状况了。接下来,二手车鉴定评估师老李开始教导小王如何评估二手车的价值。老李告诉小王:"在评估二手车的价值之前,首先要确定二手车的成新率,这是计算二手车价值的前提。"

相关知识

计算二手车成新率

由于对二手车价值进行评估的一些方法需要用到二手车成新率参数,因此在对二手车价值进行评估前,需要掌握计算二手车成新率的方法。

成新率是反映二手车新旧程度的指标,是二手车的功能或使用价值占全新车辆的功能或使用价值的比率,也可以理解为二手车的现时状态价值与其全新状态价值的比率。它与有形损耗率一起反映了同一车辆的两个方面。车辆的有形损耗贬值又称为车辆的实体性贬值,是由使用磨损和自然损耗形成的。成新率和有形损耗率的关系为

$$成新率 = 1 - 有形损耗率 \tag{3-1}$$

二手车成新率的计算方法有使用年限法、行驶里程法、部件鉴定法、整车观测法、综合分析法和综合成新率法等,下面分别进行介绍。

一、使用年限法

(一)计算方法

使用年限法是一种通过二手车的已使用年限与规定使用年限的比值来确定二手车成新率的方法,其计算公式为

$$C_{Y} = \frac{Y_g - Y}{Y_g} \times 100\% \tag{3-2}$$

式中:

C_Y——使用年限成新率;

Y——二手车的已使用年限,年或月;

Y_g——车辆的规定使用年限,年或月。

以使用年限法计算二手车的成新率是基于这样的假设:二手车在规定的使用寿命期间,实体性损耗与时间呈线性递增关系,二手车价值的降低与其损耗大小成正比。

(二)已使用年限与规定使用年限

① 已使用年限。已使用年限是一种代表汽车运行量和工作量的计量，一般取该车从新车在车辆管理机关注册登记日起至评估基准日所经历的时间。已使用年限和规定使用年限通常以月为单位计算，也就是将已使用年限和规定使用年限换算成月数，从而使计算变得简单，结果误差也较小，比较切合实际。

② 规定使用年限。由于新版《机动车强制报废标准规定》中对9座（含9座）以下非营运载客汽车的使用年限无强制规定，因此此处的规定使用年限一般是指旧版《汽车报废标准》中对汽车规定的使用年限，如表3-1所示。

表3-1 计算二手车成新率时使用的汽车规定使用年限

汽车类别	规定使用年限/年
9座（含9座）以下非营运载客汽车（包括轿车，含越野型）	15
旅游载客汽车和9座以上非营运载客汽车	10
轻、中、重型货车	10

(三)使用年限法的前提条件

以使用年限法计算二手车成新率的前提条件是车辆按正常使用强度（年平均行驶里程）使用。我国对各类汽车年平均行驶里程的统计数据如表3-2所示。

表3-2 我国对各类汽车年平均行驶里程的统计数据

汽车类别	年平均行驶里程/万千米
微、轻型货车	3～5
中、重型货车	6～10
私人用车	1～3
公务、商务用车	3～6
出租车	10～15
租赁车	5～8
旅游车	6～10
中、低档长途客运车	8～12
高档长途客运车	15～25

以使用年限法计算得到的二手车成新率实际上反映的是车辆的时间损耗及时间折旧率，与车辆的日常使用强度和车况无关，因此一般适用于对二手车的价值粗估或价值不高的二手车评估。

如果车辆的日常使用强度较大，在运用已使用年限指标时，应适当乘以一定的系数。例如，对于某些以双班制运行的车辆，其实际使用时间为正常使用时间的两倍，因此该车辆的已使用年限应是车辆从开始使用到评估基准日所经历时间的两倍。

案例分析

1. 车辆基本信息

车型：别克英朗2015款15N手动进取型。

注册登记日期：2016年2月。

用途：私人用车。

行驶里程：6万千米。

评估基准日：2019年1月。

2. 车况检查

① 静态检查。该车车身外观状况很好，除前保险杠有一处较为明显的划痕外，全车没有被碰撞过的痕迹，轮胎磨损正常，底盘无剐蹭。发动机舱内干净整洁，无漏油、漏水，电气线路整齐，无老化、裂痕。驾驶舱的内饰维护得不错，门窗、天窗开关正常。

② 动态检查。该车启动顺畅，在怠速情况下，发动机运转平稳，无明显异响。路测时，该车转向盘转向灵活轻便，制动性能适中，但其减振效果较为一般。

3. 成新率计算

① 根据对该车的各项检查可以判定，该车的使用情况符合我国对私人用车年平均行驶里程的统计数据，故可采用使用年限法计算其成新率。

② 根据表3-1可知该车规定年限为15年（180个月）。

③ 该车注册登记日期为2016年2月，评估基准日为2019年1月，已使用36个月。

④ 根据式（3-2）可求出该车的成新率为

$$C_Y = \frac{Y_g - Y}{Y_g} \times 100\% = \frac{180 - 36}{180} \times 100\% = 80\%$$

二、行驶里程法

（一）计算方法

行驶里程法是一种通过二手车的累计行驶里程与规定行驶里程的比值来确定二手车成新率的方法，其计算公式为

$$C_S = \frac{S_g - S}{S_g} \times 100\% \tag{3-3}$$

式中：

C_S——行驶里程成新率；

S——二手车的累计行驶里程，km；

S_g——车辆的规定行驶里程，km。

(二) 累计行驶里程与规定行驶里程

① 累计行驶里程。二手车累计行驶里程是指二手车从开始使用到评估基准日所行驶的总里程。

② 规定行驶里程。车辆规定行驶里程是指《机动车强制报废标准规定》中规定的该车型的最大累计行驶里程。行驶里程比使用年限更真实地反映了二手车使用强度及使用过程中实际的物理损耗，累计行驶里程越大，车辆的物理损耗越大。

(三) 行驶里程法的前提条件

利用行驶里程法计算二手车成新率的前提条件是车辆里程表的记录必须是原始的，没有被更改过。由于里程表容易被人为篡改，因此在实际应用中较少采用此方法。

案例分析

1. 车辆基本信息

车型：宝马迷你库珀1.6标准版。

注册登记日期：2015年9月。

用途：私人用车。

行驶里程：11万千米。

评估基准日：2019年5月。

2. 车况检查

① 静态检查。该车车身外观状况良好，油漆颜色靓丽，轮胎磨损正常，底盘无剐蹭。发动机舱内线路基本正常，没有明显的渗漏痕迹。该车车门开合良好，没有异常响声，内饰干净整洁。检查时，只发现前大灯有过更换。

② 动态检查。启动时，该车无异响，有轻微抖动，怠速稍高，稳定后怠速正常。路试时，该车油门感觉轻盈，变速箱变挡时比较顺畅，整体行驶过程中操控灵活，但刹车制动感觉比较硬。

3. 成新率计算

① 该车4年行驶11万千米，符合私人用车的使用标准，故可认为该车显示的行驶里程没有被改动过，可以使用行驶里程法计算其成新率。

② 根据《机动车强制报废标准规定》的规定，该车规定行驶里程为60万千米，已使用行驶里程为11万千米。

③ 根据式(3-3)可求出该车的成新率为

$$C_S = \frac{S_g - S}{S_g} \times 100\% = \frac{60 - 11}{60} \times 100\% = 81.7\%$$

三、部件鉴定法

(一) 计算方法

部件鉴定法又称技术鉴定法，是指鉴定评估人员在确定二手车各组成部分技术状况的基础上，按其

各组成部分对整车的重要性和价值量的大小加权评分,最后确定其成新率的一种方法。采用部件鉴定法计算二手车成新率的计算公式为

$$C_B = \sum_{i=1}^{n}(c_i \times \beta_i) \tag{3-4}$$

式中:

C_B——部件鉴定成新率;

c_i——二手车第i项部件的成新率;

β_i——二手车第i项部件的价值权重系数。

(二) 计算步骤

① 先确定二手车各总成、部件,再根据各部分的制造成本占整车制造成本的比重,确定其权重系数β_i(i=1,2,…,n)。如表3-3所示为汽车各部分的价值权重系数参考数据。

② 以全新车辆对应的各总成、部件功能为满分(100分),功能完全丧失为零分,再根据二手车各总成、部件的技术状态估算出其成新率c_i(i=1,2,…,n)。

③ 将各总成、部件估算出的成新率与价值权重系数相乘,得到各总成、部件的权重成新率($c_i \times \beta_i$)。

④ 最后将各总成、部件的权重成新率相加,即得出二手车的成新率。

不同种类、档次的车辆,其各组成部分对整车的重要性及其价值占整车的比重各不相同,有些类型车辆之间相差很大。因此,如表3-3所示的数据只供鉴定评估人员参考,不可作为唯一标准。在实际评估中,应根据被评估车辆各部分价值量占整车价值的比重,来调整各部分的权重系数。

表3-3　汽车各部分的价值权重系数参考数据

序号	车辆总成、部件名称	价值权重系数/%		
		轿车	客车	货车
1	发动机及离合器总成	26	27	25
2	变速箱及万向传动装置总成	11	10	15
3	前桥、前悬架及转向系统总成	10	10	15
4	后桥及后悬架总成	8	11	15
5	制动系统	6	6	5
6	车架	2	6	6
7	车身	26	20	9
8	电气仪表	7	6	5
9	轮胎	4	4	5
	合计	100	100	100

（三）部件鉴定法的特点及适用范围

采用部件鉴定法计算二手车成新率比较费时费力，但评估值更接近客观实际，可信度高。此方法既考虑了二手车实体性损耗，同时也考虑了二手车维修或换件等追加投资使车辆价值发生的变化，一般用于价值较高的二手车评估。

四、整车观测法

整车观测法是指鉴定评估人员采用人工观察，并辅以简单的仪器检测，来判定二手车的车况等级以确定其成新率的一种方法。整车观测法观察和检测的技术指标主要包括二手车的现时技术状态、使用时间及行驶里程、主要故障经历及大修情况、整车外观和完整性等。二手车的车况等级和成新率可参考表3-4。

表3-4 二手车的车况等级和成新率评估参考表

车况等级	新旧情况	有形损耗率/%	技术状况描述	成新率/%
1	使用不久	0～10	刚使用不久，行驶里程一般在3～5万千米；在用状态良好，能按设计要求正常使用	90～100
2	较新车	11～35	使用1～4年，行驶15万千米左右；一般没有经过大修，故障率低，在用状态良好	65～89
3	旧车	36～60	使用4～5年；发动机或整车经过一次大修，且较好地恢复了原设计性能；外观中度受损，恢复情况良好；在用状态良好	40～64
4	老旧车	61～85	使用5～8年；发动机或整车经过两次大修，动力性、经济性和可靠性都有所下降；外观油漆有脱落现象，金属件锈蚀明显；故障频发，且检测维修困难，但符合GB 7258的规定；在用状态一般或较差	15～39
5	待报废处理车	86～100	快到达规定使用年限；虽然能通过《机动车运行安全技术条件》规定的检查，但很难正常使用；排放污染到达极限	15以下

如表3-4所示的数据是判断二手车成新率的经验数据，只供鉴定评估人员参考，不能作为唯一标准。由于采用该方法时，对二手车技术状况的评判是通过人工观察进行的，因此成新率的估值是否客观、实际，取决于鉴定评估人员的专业水准和评估经验。

整车观测法简单易行，但其判断结果没有部件鉴定法准确，一般用于初步估算中、低档二手车的价值，或作为综合分析法的辅助手段，用来确定车辆的技术状况调整系数。

五、综合分析法

（一）计算方法

综合分析法是一种以使用年限法为基础，综合考虑二手车的实际技术状况、维护情况、原始制造质

量、用途及使用条件等多种因素对二手车价值的影响,以调整系数的形式确定二手车成新率的方法,其计算公式为

$$C_F = C_Y \times K \times 100\% = \frac{Y_g - Y}{Y_g} \times K \times 100\% \qquad (3-5)$$

式中:

C_F——综合成新率;

C_Y——使用年限成新率;

K——综合调整系数。

(二) 综合调整系数

影响二手车成新率的主要因素有二手车技术状况、二手车维护、二手车原始制造质量、二手车用途和二手车使用条件五个方面,可采用表3-5所推荐的调整系数,用加权平均的方法进行计算。

表3-5 二手车成新率调整系数参考表

序号	影响因素	因素分级	调整系数	权重/%
1	二手车技术状况	好	1.0	30
		较好	0.9	
		一般	0.8	
		较差	0.7	
		差	0.6	
2	二手车维护	好	1.0	25
		较好	0.9	
		一般	0.8	
		差	0.7	
3	二手车原始制造质量	进口车	1.0	20
		国产名牌车	0.9	
		国产非名牌车	0.8	
4	二手车用途	私用	1.0	15
		公务、商务	0.9	
		营运	0.7	
5	二手车使用条件	好	1.0	10
		一般	0.9	
		差	0.8	

即
$$K = K_1 \times 30\% + K_2 \times 25\% + K_3 \times 20\% + K_4 \times 15\% + K_5 \times 10\% \quad (3\text{-}6)$$

式中：

K ——综合调整系数；

K_1 ——二手车技术状况调整系数；

K_2 ——二手车维护调整系数；

K_3 ——二手车原始制造质量调整系数；

K_4 ——二手车用途调整系数；

K_5 ——二手车使用条件调整系数。

注 意

表3-5中的因素分级和调整系数只是一个参考，实际确定综合调整系数时，应根据具体情况做适当调整。需要注意的是，各影响因素的调整系数取值不要超过1，此时综合调整系数计算结果也不会超过1。

（三）调整系数的选取

1. 二手车技术状况调整系数 K_1

二手车技术状况调整系数是在对车辆技术状况鉴定的基础上对车辆进行的分级。技术状况调整系数取值范围为0.6~1.0，技术状况好的取上限，反之取下限。

2. 二手车维护调整系数 K_2

二手车维护调整系数反映了使用者对车辆使用、维护的水平。不同的使用者，对车辆使用、维护的实际执行情况差别较大，因而直接影响到车辆的使用寿命和成新率。维护调整系数取值范围为0.7~1.0，维护好的取上限，反之取下限。

3. 二手车原始制造质量调整系数 K_3

确定该系数时，应了解被评估的二手车是国产车还是进口车及进口国别，如果是国产车，则还应了解是名牌产品还是一般产品。一般来讲，正规手续进口的车辆质量优于国产车辆，名牌产品优于一般产品，但又有较多例外，故在确定此系数时应慎重。二手车原始制造质量调整系数取值范围为0.8~1.0。

4. 二手车用途调整系数 K_4

二手车用途（或使用性质）不同，其使用强度也不同。以普通小轿车为例，私人用车每年最多行驶3万千米；公务、商务用车每年不超过6万千米；而营运出租客运汽车每年行驶有些高达15万千米。可见二手车用途不同，其使用强度差异很大。二手车用途调整系数取值范围为0.7~1.0，使用强度小的取上限，反之取下限。

5. 二手车使用条件调整系数 K_5

二手车使用条件对其成新率影响很大。使用条件可分为道路使用条件和特殊环境使用条件。

◎ **道路使用条件**：道路使用条件可分为好路、中等路和差路

三类。好路是指国家道路等级中的高速公路，一、二、三级道路；中等路是指符合国家道路等级中的四级道路；差路是指国家等级以外的道路。

◎ **特殊环境使用条件**：特殊环境使用条件主要是指寒冷地区，或沙漠和山地等环境。

二手车使用条件调整系数取值范围为0.8~1.0。如果二手车长期在好路或中等路上行驶，可取1或0.9；如果二手车长期在差路或特殊环境下行驶，则取0.8。

（四）综合分析法的特点及适用范围

综合分析法充分地考虑了影响二手车价值的各种因素，评估值准确度较高，因而适用于具有中高等价值的二手车评估。综合分析法是目前二手车鉴定评估最常用的方法之一。

 案例分析

> 1. 车辆基本信息
> 车型：路虎发现神行2015款2.0T。
> 注册登记日期：2015年6月。
> 用途：私人用车。
> 行驶里程：12万千米。
> 评估基准日：2019年5月。
>
> 2. 车况检查
> ① 静态检查。该车外观维护较好，虽然前后保险杠有重新喷漆的痕迹，但经仔细检查未发现有严重事故的迹象，仅伤及保险杠体，并未波及前后纵梁，底盘也无剐蹭。发动机舱内线束规整，无老化、裂痕，蓄电池电解液无渗漏。驾驶舱内饰有轻微划痕，玻璃窗升降器和门窗工作正常。
> ② 动态检查。该车搭配的9挡手自一体变速箱，在起步、急加速、急减速、倒车时车辆没有明显的顿挫感。该车平时主要在郊区行驶，路试检查时，该车无明显行驶跑偏和制动跑偏等现象，刹车距离正常。
>
> 3. 成新率计算
> 因该车为中高档轿车，车况保持较好，初步估计其价值较高，故采用综合分析法计算其成新率。
> ① 该车注册登记日期为2015年6月，评估基准日为2019年5月，已使用年限为48个月；规定使用年限为15年（180个月）。
> ② 根据表3-5可确定各项调整系数如下。
> 该车技术状况较好，其技术状况调整系数$K_1=0.9$；该车维护较好，其维护调整系数$K_2=0.9$；该车为进口车，其原始制造质量调整系数$K_3=1.0$；该车为私人用车，其用途调整系数$K_4=1.0$；该车主要在郊区行驶，使用条件一般，其使用条件调整系数$K_5=0.9$。
>
> 根据式（3-6），得
>
> $$K = K_1 \times 30\% + K_2 \times 25\% + K_3 \times 20\% + K_4 \times 15\% + K_5 \times 10\%$$
> $$= 0.9 \times 30\% + 0.9 \times 25\% + 1.0 \times 20\% + 1.0 \times 15\% + 0.9 \times 10\%$$
> $$= 0.935$$

③ 成新率 C_F 为

$$C_F = \frac{Y_g - Y}{Y_g} \times K \times 100\% = \frac{180 - 48}{180} \times 0.935 \times 100\% = 68.6\%$$

六、综合成新率法

（一）计算方法

利用前面介绍的使用年限法、行驶里程法和部件鉴定法计算二手车成新率只是从单一因素反映了二手车的新旧程度。为了全面地反映二手车的新旧状态，可以采用综合成新率法来计算二手车的成新率。所谓综合成新率法就是一种采用定性和定量相结合的评估方法，综合多种因素对二手车成新率进行计算，从而减小因使用单一因素计算成新率而给评估结果带来误差。

综合成新率法的计算公式为

$$C_Z = C_1 \times a_1 + C_2 \times a_2 \tag{3-7}$$

式中：

C_Z ——综合成新率；

C_1 ——二手车理论成新率；

C_2 ——二手车技术鉴定成新率；

a_1，a_2 ——权重系数，$a_1 + a_2 = 100\%$。

（二）二手车理论成新率 C_1

二手车理论成新率根据二手车实际使用的时间和行驶里程计算而得，是一种对二手车成新率的定量计算，其结果一般不能人为改变。实际计算中，可将使用年限成新率和行驶里程成新率加权平均得到二手车理论成新率，其计算公式为

$$C_1 = C_Y \times 50\% + C_S \times 50\% \tag{3-8}$$

式中：

C_Y ——使用年限成新率；

C_S ——行驶里程成新率。

（三）二手车技术鉴定成新率 C_2

二手车技术鉴定成新率是由鉴定评估人员根据现场鉴定情况而确定的一个综合评估值。具体确定步骤：鉴定评估人员先对二手车进行技术状况鉴定（包括静态检查和动态检查），得出鉴定评估意见，然后对重要部件和启动、路试分别进行综合评分，最后累加评分（满分为100分）并将其结果除以100便是二手车技术鉴定成新率。可见二手车技术鉴定成新率是一个定性与定量相结合的结果。

对二手车进行技术鉴定的具体方法和步骤可参考项目二。

（四）权重系数

权重系数要根据实际情况确定。如果理论成新率计算中包含了使用年限成新率和行驶里程成新率，

则两个权重系数通常各取50%；如果理论成新率计算中缺少某项，则可将a_1适当调小（如40%），而将a_2适当调大（如60%）。

需要注意的是，被评估二手车的理论成新率和技术鉴定成新率的权重分配、使用年限成新率和行驶里程成新率的权重分配，须根据被评估二手车的类型、使用状况、维修保养状况综合考虑，科学、合理地确定。这与二手车鉴定评估人员的工作经验和专业判断能力有很大的关系，需要在实践中注意学习和总结。

案例分析

1. 车辆基本信息

车型：长安福特福克斯2018款1.6L。

注册登记日期：2018年4月。

用途：私人用车。

行驶里程：2万千米。

评估基准日：2019年3月。

2. 计算理论成新率

查看该车里程表为2万千米，又为私人用车，行驶里程成新率可小到忽略不计，因此理论成新率C_1可直接由使用年限法计算。

该车注册登记日期为2018年4月，评估基准日为2019年3月，已使用1年（12个月），已知该类汽车的规定使用年限为15年（180个月），因此理论成新率C_1为

$$C_1 = C_Y = \frac{Y_g - Y}{Y_g} \times 100\% = \frac{180 - 12}{180} \times 100\% = 93.3\%$$

3. 计算技术鉴定成新率

鉴定评估人员在现场对该车的技术鉴定中，分别对二手车的车身、发动机舱、驾驶舱、启动、路试、底盘等项目进行鉴定打分，如表3-6所示。

表3-6 技术鉴定评分表

鉴定项目	满分	鉴定结果（得分）	缺陷描述	
车身	20	18.5	左前翼子板表面有划痕，面积大于100 mm×100 mm，小于200 mm×300 mm；右后车门有划痕，面积小于100 mm×100 mm	
发动机舱	20	18.5	发动机皮带有轻微老化	
驾驶舱	10	10		
启动	20	20		
路试	15	15		
底盘	15	15		
合计	100	97	技术状况等级	一级

根据表3-6可知,技术鉴定成新率C_2为

$$C_2 = \frac{技术鉴定分值}{100} \times 100\% = 97\%$$

4．计算综合成新率

取权重系数$a_1 = 50\%$,$a_2 = 50\%$,则综合成新率C_Z为

$$C_Z = C_1 \times a_1 + C_2 \times a_2 = 93.3\% \times 50\% + 97\% \times 50\% = 95.2\%$$

提示

在计算二手车成新率的方法中,由于综合分析法是以使用年限法为基础,以调整系数的形式确定二手车成新率,综合考虑了二手车的实际技术状况、维护情况、原始制造质量、二手车用途及使用条件等多种因素对二手车价值的影响,评估值准确度较高,因此是目前二手车鉴定评估业务中最常用的方法之一。同理,综合成新率法也是二手车鉴定评估业务中常用的方法。

任务实训——计算二手车成新率

以本书项目二完成的《二手车鉴定评估作业表》和《二手车技术状况表》为依据,采用综合成新率法计算该二手车的成新率,并将计算过程及结果填写在下方的工作单(见表3-7)中。

表3-7 二手车成新率计算考核工作单

班级		姓名		学号	
将计算过程及结果填写在下面:					
自我评价(个人技能掌握程度):□非常熟练 □比较熟练 □一般熟练 □不熟练 教师评语(包括公式的正确性、权重系数的确定等方面,并按百分制给出成绩): 成绩:_____ 教师签字:_____ ____年____月____日					

旗帜引领

健全二手车市场监管机制，用心服务促发展

2021年1月至6月，安徽省合肥市肥东县2家已备案的二手车交易市场共交易二手车2 540辆，交易额1 868.29万元；其中，合肥永泉二手车交易有限公司交易二手车2 080辆，交易额1 532.29万元，交易量同比下降约16.3%；合肥旧机动车交易市场有限公司肥东分公司交易二手车460辆，交易额336万元，交易量同比下降约30%。

由于受市场多重因素影响，导致2021年前两季度，肥东县2家已备案的二手车交易市场二手车交易数量及交易额较去年同期相比整体下滑。基于此，肥东县商务局从以下多个方面入手，积极落实举措，健全二手车市场监管机制，确保全县二手车市场平稳健康发展。

① 严格执行备案条件。结合肥东县汽车保有量和二手车交易规模等实际，按照统筹规划、合理布局、有序竞争、促进发展的原则，对符合二手车交易市场和经营主体备案条件的，即时上报市商务局并备案。

② 规范二手车流通主体经营行为。严格要求二手车流通主体遵守《二手车流通管理办法》和《二手车交易规范》，在各自经营范围内从事经营活动，不得超范围经营。

③ 加强日常监管。主动为二手车交易市场、二手车经营主体提供政策咨询、业务指导等服务；定期或不定期深入二手车流通企业，对其信息采集等工作进行现场检查，促进二手车公平交易，切实维护消费者的合法权益。

（资料来源：新华网，有改动）

任务二　评估二手车价值

情景导入

二手车鉴定评估师老李接到客户王先生的电话，王先生说他想将其个人所有的高尔夫2.0轿车出售，请老李帮忙评估一下该车的价值。老李拿到车并签订鉴定评估委托书后，就带着小王对其进行了仔细的检查。

该车属于私人用车，手续齐全，整车为德国原装进口，有车库保管，使用强度不大，静态检查与动态检查的结果比较好。老李随后带着小王开始对王先生的高尔夫2.0轿车进行价值评估。

相关知识

目前，常用的二手车价值评估方法主要有重置成本法和现行市价法。确定了二手车成新率之后，二手车鉴定评估师即可根据评估目的选用相应的方法评估二手车的价值。

一、应用重置成本法

（一）重置成本法的计算模型

重置成本法有以下两种基本计算模型。

- ◎ **模型一**：评估值＝重置成本－实体性贬值－功能性贬值－经济性贬值。
- ◎ **模型二**：评估值＝重置成本×成新率。

模型一是利用重置成本法评估二手车的最基本模型。它综合考虑了二手车的现时重置成本和各种影响二手车价值量变化（贬值）的因素，最让人信服和易于接受。但是，由于造成二手车贬值的因素较多且有一定的不确定性，无法准确地量化，因此在实际评估中很少使用此计算模型。

模型二通过成新率方式综合考虑了各种贬值对二手车价值的影响，是一种定性和定量相结合的评估方法，比较符合中国人评判二手物品价值的思维模式，是目前市场上应用最广的一种评估方法。

（二）以基于成新率的重置成本法评估计算

1. 评估计算公式

基于成新率的重置成本法评估计算公式为

$$P = B \times C \tag{3-9}$$

式中：

P ——被评估二手车的评估值，元；
B ——被评估二手车的现时重置成本，元；
C ——被评估二手车的现时成新率。

2. 重置成本的计算

在资产评估中，重置成本的计算有多种方法，对于二手车评估来讲，一般采用重置核算法或物价指数法。

（1）重置核算法

利用重置核算法，二手车重置成本由相同型号和配置的新车在评估基准日的市场零售价及购置时的其他必要费用构成。如果二手车鉴定评估是以所有权转让为目的的二手车交易经济行为，其他费用可以忽略不计；如果是企业产权变动的经济行为，则还应将对车辆加收的税费（如车辆购置税）计入重置成本。

提示

> 一般来讲，二手车重置成本大多是从市场搜集而来的，并不需要进行复杂的计算。但是，对于市场上没有的进口车型，有时还需要根据海关税则和收费标准，对其新车现行价格进行计算。具体计算公式为
>
> $$\text{进口车价格} + \text{报关价} + \text{关税} + \text{消费税} + \text{增值税} + \text{其他必要费用} \tag{3-10}$$

由于报关价是以外汇的方式支付的,因此在计算时需要将其换算成人民币,外汇汇率采用评估基准日的汇率。

关税的计算公式为

$$关税 = 报关价 \times 关税税率 \tag{3-11}$$

自2018年7月1日起,我国将汽车整车关税税率为25%的135个税号和税率为20%的4个税号的税率统一降至15%。

消费税的计算公式为

$$消费税 = \frac{报关价 + 关税}{1 - 消费税税率} \times 消费税税率 \tag{3-12}$$

我国汽车消费税税率根据汽车排量共分为七档,如表3-8所示。

增值税的计算公式为

$$增值税 = (报关价 + 关税 + 消费税) \times 增值税税率 \tag{3-13}$$

各种进口车增值税税率均为13%。

表3-8 我国汽车消费税税目税率表

税目	税率
气缸容量(排气量,下同)在1.0升以下(含1.0升)的	1%
气缸容量在1.0升以上至1.5升(含1.5升)的	3%
气缸容量在1.5升以上至2.0升(含2.0升)的	5%
气缸容量在2.0升以上至2.5升(含2.5升)的	9%
气缸容量在2.5升以上至3.0升(含3.0升)的	12%
气缸容量在3.0升以上至4.0升(含4.0升)的	25%
气缸容量在4.0升以上的	40%

(2)物价指数法

物价指数法又称价格指数法,是指根据已掌握的汽车历年价格指数,在二手车原始成本的基础上,通过购买车辆时的汽车价格指数和现时价格指数来确定其重置成本,其计算公式为

$$B = B_0 \times \frac{I}{I_0} \tag{3-14}$$

式中:

B ——车辆重置成本,元;

B_0 ——车辆原始成本,元;

I ——车辆评估时的汽车价格指数;

I_0 ——车辆购买时的汽车价格指数。

当被评估的车辆已停产，或因是进口车辆而无法找到其现时市场价格时，物价指数法是一种很有用的方法。需要注意的是，实际应用时一定要先检查被评估车辆的账面购买原价，如果购买原价不准确，则不能用物价指数法。

汽车价格指数是反映汽车价格变动趋势和程度的指标，要选用国家统计部门、物价管理部门或行业协会定期发布的数据，不能选用没有依据、不明来源的数据。

案例分析

2019年3月15日，客户王先生想将其个人所有的高尔夫轿车出售，以下是鉴定评估人员对该车的鉴定评估情况。

1. 车辆概况

车型：大众高尔夫2.0TSI（德国原装进口）。

注册登记日期：2015年4月。

用途：私人用车。

行驶里程：6.8万千米。

评估基准日：2019年3月。

2. 车况检查

① 静态检查。该车为德国原装进口，属于私人用车，有车库保管，长年工作在市区内，工作条件较好，使用强度不大，日常维护也很好。通过检查车身外观，可以看出该车没有过碰撞事故。打开发动机舱盖检查，没有发现漏油和电气线路老化现象。进入驾驶舱查看，仪表台和真皮座椅都很新，没有划痕和老化痕迹。整体来看，该车有八成新。

② 动态检查。该车启动顺畅，发动机在急速状态下运转平稳，无异响。行驶时，该车无跑偏现象。急刹车时，可以感到ABS工作时反馈给制动踏板的回跳感。

3. 评定估算

（1）确定成新率C_F

① 由于该车为中档轿车，为计算准确，可采用综合分析法确定其成新率，其计算公式为

$$C_F = \frac{Y_g - Y}{Y_g} \times K \times 100\%$$

② 注册登记日期为2015年4月，评估基准日为2019年3月，则已使用年限$Y=48$个月，规定使用年限为15年（180个月）。

③ 确定各影响因素调整系数。根据技术鉴定情况，确定各影响因素调整系数如下。

a. 该车技术状况好，技术状况调整系数$K_1=1.0$。

b. 该车维护较好，维护调整系数$K_2=0.9$。

c. 该车为德国原装进口车，原始制造质量调整系数$K_3=1.0$。

d. 该车为私人用车，用途调整系数$K_4=1.0$。

e. 该车主要在市内行驶，使用条件较好，使用条件调整系数$K_5=0.9$。

④ 计算综合调整系数

根据公式 $K = K_1 \times 30\% + K_2 \times 25\% + K_3 \times 20\% + K_4 \times 15\% + K_5 \times 10\%$，可得综合调整系数，即

$K = 1.0 \times 30\% + 0.9 \times 25\% + 1.0 \times 20\% + 1.0 \times 15\% + 0.9 \times 10\% = 0.965$

⑤ 计算现时成新率 C_F

$$C_F = \frac{Y_g - Y}{Y_g} \times K \times 100\% = \frac{180 - 48}{180} \times 0.965 \times 100\% = 70.8\%$$

（2）确定重置成本 B

因该车评估目的是交易，故重置成本为新车市场价。根据市场询价，该车型的新车市场价格为 120 000 元，即现时重置成本 B 为 120 000 元。

（3）计算评估值 P

$$P = B \times C_F = 120\,000 \times 69.7\% = 83\,640\,(\text{元})$$

二、应用现行市价法

在二手车交易数据较易获取的情况下，一般选用现行市价法来评估二手车的价值，它是通过比较被评估二手车与最近在公开市场上售出的类似二手车的异同，并将类似二手车的市场价格直接作为或经过适当调整后作为被评估二手车价值的一种评估方法。

现行市价法包括直接市价法和类比调整市价法，下面分别进行介绍。

（一）直接市价法

直接市价法是指在公开市场上能找到与被评估二手车完全相同的车辆的现行市价，并将其价格直接作为被评估二手车价值的一种方法。所谓完全相同是指车辆型号、配置、使用条件和技术鉴定分值相同，生产和交易时间相近。这样的参照车辆常见于市场保有量大、交易比较频繁的畅销车型，如大众迈腾、本田思域、福特福克斯等。

提示

若在市场上寻找与被评估二手车完全相同的参照车辆比较困难，则当参照车辆与被评估二手车车型相同、主参数相同、结构性能相同，只是生产序号不同并只作局部改动，交易时间相近时，也可被视为完全相同。很多汽车厂商为了追求车型的变化，给消费者一个新的感受，每年都只在原车型的基础上做一些小的改动，如车身的小变化、内饰配置的变化等，这种情况在我国汽车市场上比较常见。

（二）类比调整市价法

1. 计算公式

类比调整市价法是指评估二手车时，在公开市场上找不到与之完全相同的车辆，但能找到与之相类似的车辆，以此作为参照车辆，并根据车辆技术状况和交易条件等的差异对参照车辆的价格做出相应调

整，进而确定被评估二手车价值的一种评估方法。类比调整市价法的基本计算公式为

$$P = P'K \qquad (3\text{-}15)$$

式中：

P ——评估值，元；

P' ——参照车辆的市场成交价格，元；

K ——差异调整系数。

2. 评估步骤

(1) 收集被评估二手车资料

收集被评估二手车的相关资料，包括车辆的型号和生产厂家、车辆用途、车辆已使用年限和行驶里程、车辆配置类型、车辆技术性能参数和实际技术鉴定状况等，为参照车辆的选择提供依据。

(2) 选择参照车辆

根据了解到的被评估二手车资料，按照可比性原则，从二手车交易市场上寻找可类比的参照车辆。参照车辆的选择数量至少为两辆，车辆的可比因素主要包括以下几个方面。

① 车辆型号和生产厂家。

② 车辆用途。了解参照车辆是私人用车还是公务用车，是营运车还是商用车等。

③ 车辆已使用年限和行驶里程。

④ 车辆技术性能参数和实际技术鉴定状况。

⑤ 车辆所处地区。由于地区经济发展的不平衡，在不同地区的二手车交易市场，相同车辆的价格会有较大的差别。

⑥ 市场状况。一般是指二手车交易市场处于低迷还是繁荣，车源丰富还是匮乏，车型涵盖面如何，交易量如何，新车价格趋势如何等。

⑦ 交易动机和目的。一般是指车辆出售是以清偿还是以淘汰转让为目的，买方是为转手倒卖还是自用。不同情况下的交易作价往往有较大的差别。

⑧ 成交数量。单辆与成批车辆交易的价格会有一定的差别。

⑨ 成交时间。由于国家政策及市场供求关系会随时发生变化，市场行情也会随之变化，从而引起二手车价格的波动，因此应采用近期成交的车辆作为类比对象。

(3) 差异及量化

需要分析、比较被评估二手车和参照车辆之间的差异，并将这些差异进行适当量化后调整为可比因素。差异及量化方法主要体现在以下几个方面。

① 结构和性能的差异及量化。结构和性能的差异可通过差异对汽车价格的影响进行估算。例如，同款汽车，装配电喷发动机的型号比装配化油器发动机的型号贵 3 000～5 000 元。

② 销售时间的差异及量化。在选择参照车辆时，应尽可能选择接近评估基准日的成交案例，避免因价格指数不同而造成价格差异；若参照车辆的交易时间距评估基准日较远，可采用物价指数法对销售时间差异进行量化并调整。

③ 新旧程度的差异及量化。若被评估二手车与参照车辆在新旧程度上存在一定的差异，就要求鉴定评估人员能够对两者的差异进行量化，方法：首先估算被评估二手车和参照车辆的成新率，然后将参照

车辆的价格乘以被评估二手车与参照车辆的成新率之差，即

新旧程度差异量＝参照车辆价格×（被评估二手车成新率－参照车辆成新率） (3-16)

④ 销售数量的差异及量化。销售数量的差异会对二手车成交单价产生影响。例如，以批量交易的二手车作为参照车辆是不合适的，因为批量交易的价格往往比单辆交易的价格低。因此，必须对此差异进行分析，并适当调整被评估二手车的价值。

⑤ 付款方式的差异及量化。在二手车交易中，若采用分期付款，则二手车经销企业往往会收取一定数额的手续费；若采用现款付款，则免去了这项费用。

(4) 计算评估值

将被评估二手车和参照车辆各可比因素的差异进行量化后，将量化值以适当的方式加以汇总，并据此对参照车辆的成交市价进行调整，从而确定被评估二手车的价值。

案例分析

2019年2月，高女士在沈阳二手车市场欲出售一辆一汽-大众迈腾轿车，二手车鉴定评估人员收集了两辆参照车辆的技术和经济参数，以便对此车的价值进行评估。如表3-9所示为该车及参照车辆的技术和经济参数对比。

表3-9 该车及参照车辆的技术和经济参数对比

序号	技术和经济参数	参照车辆A	参照车辆B	被评估车辆
1	车辆型号	一汽-大众迈腾	一汽-大众迈腾	一汽-大众迈腾
2	车辆配置类型	舒适型	舒适型	舒适型
3	发动机类别	涡轮增压	涡轮增压	涡轮增压
4	发动机排量	1.8 L	1.8 L	1.8 L
5	变速箱类型	7挡双离合	7挡双离合	7挡双离合
6	尾气排放标准	国Ⅳ	国Ⅳ	国Ⅳ
7	销售条件	公开市场	公开市场	公开市场
8	注册登记日期	2014年3月	2014年3月	2014年3月
9	规定使用年限	15年	15年	15年
10	交易时间	2019年2月	2019年2月	2019年2月
11	已使用年限	5年	5年	5年
12	成新率	74%	60%	待确定
13	交易地点	沈阳	沈阳	沈阳
14	交易数量	1	1	1
15	付款方式	现款	现款	现款
16	物价指数	1	1	1
17	价格	10.8万	8.8万	待评估

具体评估步骤如下。

1. 技术检测

① 静态检测。该车表面无明显划痕,发动机舱内部的油管、水管无老化、裂痕迹象,驾驶舱内部干净整洁。该车底盘未发现渗漏,车辆减振效果较好。

② 动态检测。通过启动和路试检查,可知该车发动机运转平稳、无异响,ABS工作正常。行驶时,该车动力性能良好,爬坡有力,无跑偏现象。

2. 确定被评估车辆成新率

分析以上检测结果,该车整体技术状况良好,其使用年限与车辆的技术状况相吻合,因此可采用使用年限法计算成新率。

$$C_Y = \frac{Y_g - Y}{Y_g} \times 100\% = \frac{15-5}{15} \times 100\% = 66.7\%$$

3. 以车辆A为参照作各项差异量化和调整

① 结构和性能无差异,不用量化和调整。

② 销售时间无差异,不用量化和调整。

③ 新旧程度差异量化与调整。该项调整值为

$$108\,000 \times (66.7\% - 74\%) = -7\,884\,(元)$$

④ 销售数量和付款方式无差异,不用量化和调整。

⑤ 以车辆A为参照时,被评估二手车的评估值P_1为

$$P_1 = 108\,000 - 7\,884 = 100\,116\,(元)$$

4. 以车辆B为参照作各项差异量化和调整

① 结构和性能无差异,不用量化和调整。

② 销售时间无差异,不用量化和调整。

③ 新旧程度差异量化与调整。该项调整值为

$$88\,000 \times (66.7\% - 60\%) = 5\,896\,(元)$$

④ 销售数量和付款方式无差异,不用量化和调整。

⑤ 以车辆B为参照时,被评估二手车的评估值P_2为

$$P_2 = 88\,000 + 5\,896 = 93\,896\,(元)$$

综合参照车辆A和B,用算术平均法计算被评估二手车评估值P,即

$$P = \frac{P_1 + P_2}{2} = \frac{100\,116 + 93\,896}{2} = 97\,006\,(元)$$

任务实训——评估二手车价值

一、应用重置成本法评估二手车价值

① 根据"任务一 任务实训"中计算出的二手车成新率，应用重置成本法评估二手车的价值，并将计算过程及结果填写在下方的工作单（见表3-10）中。

② 将项目二"任务一 任务实训"中《二手车鉴定评估作业表》第一页的"估价方法"栏和"参考价值"栏填写完整。

表3-10 二手车价值评估考核工作单

班级		姓名		学号	
将重置成本法的计算过程及结果填写在下面：					成绩：_____
将现行市价法的计算过程及结果填写在下面：					成绩：_____
自我评价（个人技能掌握程度）：□非常熟练 □比较熟练 □一般熟练 □不熟练 教师评语（包括计算公式、结果的正确性等方面，并按百分制给出成绩）：					成绩：_____ 教师签字：_____ ____年____月____日

二、应用现行市价法评估二手车价值

根据下方被评估车辆与参照车辆的技术和经济参数对比（见表3-11），采用现行市价法计算被评估二手车的评估值，同样将计算过程及结果填写在上方的工作单（见表3-10）中。

表3-11 被评估车辆与参照车辆的技术和经济参数对比

序号	技术和经济参数	参照车辆A	参照车辆B	被评估车辆
1	车辆型号	奔驰C级	奔驰C级	奔驰C级
2	车辆配置类型	经典型	经典型	经典型
3	发动机类别	涡轮增压	涡轮增压	涡轮增压
4	发动机排量	1.8 L	1.8 L	1.8 L
5	变速箱类型	7挡手自一体	7挡手自一体	7挡手自一体
6	尾气排放标准	欧Ⅳ	欧Ⅳ	欧Ⅳ
7	销售条件	公开市场	公开市场	公开市场
8	注册登记日期	2013年5月	2013年5月	2013年5月
9	规定使用年限	15年	15年	15年
10	交易时间	2019年4月	2019年4月	2019年4月
11	已使用年限	6年	6年	6年
12	成新率	55%	63%	待确定
13	交易地点	北京	北京	北京
14	交易数量	1	1	1
15	付款方式	现款	现款	现款
16	物价指数	1	1	1
17	价格	10.8万	11.5万	待评估

提示

被评估二手车的成新率可采用使用年限法计算。

笔记

旗帜引领

取消二手车迁入限制，促进汽车消费循环

2021年初，国务院常务会议围绕支持扩大内需，提出清理违规的二手车迁入限制，对于稳定和增加汽车消费具有重要意义。

二手车是汽车消费的重要组成部分，是汽车产业链上的重要一环，关系到整个汽车产业的健康发展。近年来，我国部分地方和城市之间对二手车流通设限，这已成为制约二手车市场发展的最大瓶颈。

二手车流通受阻，不仅影响二手车交易，也会影响到新车消费，进而影响到整体汽车产业的良性发展。基于此，2016年3月，国务院办公厅印发《关于促进二手车便利交易的若干意见》，国务院办公厅督查室对各地取消二手车限迁政策情况进行督办。经过两年多的努力，170多个城市取消了二手车迁入限制。二手车保有量析出率从2016年的5.6%提升至2018年的6.0%，两年间取得了显著的成果。

但是，一些城市此前为缓解交通拥堵、减少污染排放，在汽车购买、二手车流通方面设定了较为严格的限制政策。受限迁规定影响，我国二手车市场的发展速度被明显抑制，2019年我国的新车交易量是美国的1.5倍，但二手车的交易量仅为美国的三分之一。

此次全面取消带有地方保护色彩的二手车限迁政策，将有助于形成全国统一、标准化、高效的二手车市场秩序，有利于全链条发展汽车流通，更好地满足人民群众的汽车消费需求。同时，这将有望带动汽配、维修、保险等服务业发展，进而推进我国汽车市场不断优化结构，实现高质量发展。

有理由相信，随着二手车限迁政策全面取消，二手车行业格局将迎来新的变化。凭借着可靠的检测和保障服务能力，4S店（汽车经销商）与二手车互联网电商将逐渐在市场中占据更多份额。随着二手车市场的不断扩张，保护二手车消费者权益的法律法规、二手车认证体系等也将逐步完善，还会出现许多专业服务公司为消费者和经销商提供车况信息担保、保险、评估等服务。可以预见，在巨大的汽车保有量的基础上，我国二手车市场将不断走向成熟完善。

（资料来源：中国经济网，有改动）

任务三　撰写二手车鉴定评估报告

情景导入

实习生小王在二手车鉴定评估师老李的指导下，学会了如何对二手车进行静态检查和动态检查，以及如何计算二手车的成新率与评估二手车价值。接下来，小王将学习如何撰写他实习以来的第一份二手车鉴定评估报告，完成他所有的实习项目。小王根据以往的认知，觉得二手车鉴定评估报告只需要按照模板勾勾画画就可以了。但是，事情真的有这么简单吗？

相关知识

一、二手车鉴定评估报告概述

二手车鉴定评估报告是指二手车鉴定评估机构按照评估工作制度的有关规定，在完成鉴定评估工作后向委托方和有关方面提交的说明二手车鉴定评估过程和结果的书面报告。它是按照一定格式和内容反映二手车评估目的、程序、依据、方法、结果等基本情况的报告书。

二手车鉴定评估报告既是二手车鉴定评估机构完成对二手车作价意见，提交给委托方的公正性报告，也是二手车鉴定评估机构履行评估合同情况的总结，还是二手车鉴定评估机构为其所完成的鉴定评估结论承担相应法律责任的证明文件。

二手车鉴定评估报告的撰写案例如下所示。

××××鉴定评估机构评报字（2019年）第77号

一、绪言

　　××××（鉴定评估机构）接受×××的委托，根据我国《二手车流通管理办法》、GB/T 30323—2013《二手车鉴定评估技术规范》及其他有关二手车鉴定评估的规定，本着客观、独立、公正、科学的原则，按照公认的评估方法，对牌号为 京G××××× 的车辆进行了鉴定。本机构鉴定评估人员按照必要的程序，对委托鉴定评估的车辆进行了实地查勘与市场调查，并对其在 2019 年 04 月 09 日所表现的市场价值做出了公允反映。

二、委托方信息

委托方：___×××___　　　委托方联系人：___×××___
联系电话：___13×××××××××___　　车主姓名/名称：___×××___

三、鉴定评估基准日：2019 年 04 月 09 日

四、鉴定评估车辆信息

厂牌型号：___一汽-大众迈腾（领先型）___　　牌照号码：___京G×××××___

发动机号：__CPD××××××__　　　　　　车辆识别代号（VIN）：__LFV2A1BS363553×××__

车身颜色：__黑色__　表征里程：__23 500 km__　　注册登记日期：__2015__ 年 __06__ 月

年审检验合格有效期至：__2020__ 年 __10__ 月　　交强险截止日期：__2019__ 年 __10__ 月

车船税截止日期：__2019__ 年 __10__ 月

是否查封、抵押车辆：☒是　☐否　　　　　车辆购置税（费）证：☐有　☒无

机动车登记证书：　　☒有 ☐无　　　　　机动车行驶证：　　☒有 ☐无

未接受处理的交通违法记录：☒有　☐无

使用性质：☒公务用车　☐家庭用车　☐营运用车　☐出租车　☐其他：_____

五、技术鉴定结果

技术状况缺陷描述：__左前翼子板表面有划痕，面积大于100 mm×100 mm，小于200 mm×300 mm；右后车门有划痕，面积小于100 mm×100 mm；发动机皮带有轻微老化。__

重要配置及参数信息：__1.4T 7挡双离合__

技术状况鉴定等级：__一级__　　等级描述：__具体分数为97分（总分大于或等于90分鉴定为一级）__

六、价值评估

价值估算方法：☒现行市价法　☐重置成本法　☐其他_____

计算过程：__××××××××××××××××××__
　　　　　__××××××××××××××××__

价值估算结果：车辆鉴定评估价值为人民币 __105 600__ 元，金额大写：__拾万伍仟陆佰元整__

七、特别事项说明[1]

　　××××××

八、鉴定评估报告法律效力

　　本鉴定评估结果可以作为作价参考依据。本项鉴定评估结论有效期为90天，自鉴定评估基准日起至 __2019__ 年 __07__ 月 __08__ 日止。

九、声明

（1）本鉴定评估机构对该鉴定评估报告承担法律责任。

（2）本报告所提供的车辆评估价值为评估基准日的价值。

（3）本报告的使用权归委托方所有，其鉴定评估结论仅供委托方为本项目鉴定评估目的使用和送交二手车鉴定评估主管机关审查使用，不适用于其他目的，否则本鉴定评估机构不承担相应法律责任；因使用本报告不当而产生的任何后果与签署本报告书的鉴定评估人员无关。

（4）本鉴定评估机构承诺，未经委托方许可，不将本报告的内容向他人提供或公开，否则本鉴定评估机构将承担相应法律责任。

附件：

　　一、二手车鉴定评估委托书

　　二、二手车鉴定评估作业表

　　三、车辆行驶证、机动车登记证书复印件

　　四、被鉴定评估二手车照片（要求外观清晰，车辆牌照能够辨认）

二手车鉴定评估师（签字、盖章）　　　　　　　　复核人[2]（签字、盖章）

×××

2019年04月09日　　　　　　　　　　　　　　2019年04月09日

[1] 特别事项是指在已确定鉴定评估结果的前提下，鉴定评估人员认为需要说明在鉴定过程中已发现可能影响鉴定评估结论，但非鉴定评估人员执业水平和能力所能鉴定评定估算的有关事项以及其他问题。

[2] 复核人是指具有高级二手车鉴定评估师资格的人员。

备注：1. 本报告书和作业表一式三份，委托方两份，受托方一份；
　　　2. 鉴定评估基准日即《二手车鉴定评估委托书》签订的日期。

二、二手车鉴定评估报告的撰写要素

撰写二手车鉴定评估报告时，必须包括以下几个要素。

① 题目。填写题目时应包括具体的鉴定评估名称、年份和编号。

② 绪言。填写绪言中的日期时，应注意在月份和日期填写两位阿拉伯数字，不足位数的前面补0，如08月05日。

③ 委托方信息。

④ 鉴定评估基准日。

⑤ 鉴定评估车辆信息。此部分内容可参考《二手车技术状况表》中的内容填写，非选择项目要打叉号，不可留空白。

⑥ 技术鉴定结果。此部分内容可参考《二手车鉴定评估作业表》和《二手车技术状况表》中的内容填写。等级描述要说明等级的分数范围以及具体的分数。

⑦ 价值评估。二手车价值的估算方法应根据实际情况选择，未选择的项目要打叉号，不可留空白。计算过程应清楚地表达数据的收集过程、处理过程和结果的得出。价值估算结果第一个空填写阿拉伯数字，第二个空填写大写数字金额，最后要注意补充货币单位和"整"字，如"拾万伍仟陆佰元整"。

知识拓展

大写数字

大写数字是中国特有的数字书写方式，即利用与数字同音的汉字取代数字，以防止数字被篡改，具体包括：壹、贰、叁、肆、伍、陆、柒、捌、玖、拾、佰、仟、万。

⑧ 特别事项说明。此部分内容可参考二手车鉴定评估报告的备注填写。

⑨ 鉴定评估报告法律效力。二手车鉴定评估报告的有效期为90天，以签订评估基准日的时间点开始计算。例如，若2019年1月1日为鉴定评估基准日，则有效期截至2019年3月31日。

⑩ 签章。

任务实训——撰写二手车鉴定评估报告

结合对本任务知识与技能的学习，根据之前实训中所获得的二手车信息、鉴定评估数据和二手车评估价值，将下方二手车鉴定评估报告填写完整（本书配套素材同时提供了Word文件，可供打印）。教师在指导过程中，完成表3-12所示的考核表。

××××鉴定评估机构评报字（20 年）第××号

一、绪言

_____（鉴定评估机构）接受_____的委托，根据我国《二手车流通管理办法》、GB/T 30323—2013《二手车鉴定评估技术规范》及其他有关二手车鉴定评估的规定，本着客观、独立、公正、科学的原则，按照公认的评估方法，对牌号为_____的车辆进行了鉴定。本机构鉴定评估人员按照必要的程序，对委托鉴定评估的车辆进行了实地查勘与市场调查，并对其在_____年_____月_____日所表现的市场价值做出了公允反映。

二、委托方信息

委托方：_____　　　　委托方联系人：_____

联系电话：_____　　　车主姓名/名称：（填写机动车登记证书所示的名称）

三、鉴定评估基准日：_____年_____月_____日

四、鉴定评估车辆信息

厂牌型号：_____　　　牌照号码：_____

发动机号：_____　　　车辆识别代号（VIN）：_____

车身颜色：_____　表征里程：_____　注册登记日期：_____年_____月

年审检验合格有效期至：_____年_____月　　交强险截止日期：_____年_____月

车船税截止日期：_____年_____月

是否查封、抵押车辆：□是　□否　　　　车辆购置税（费）证：□有　□无

机动车登记证书：　□有　□无　　　　　机动车行驶证：　□有　□无

未接受处理的交通违法记录：□有　□无

使用性质：□公务用车　□家庭用车　□营运用车　□出租车　□其他：_____

五、技术鉴定结果

技术状况缺陷描述：_____

_____

重要配置及参数信息：_____

技术状况鉴定等级：_____ 等级描述：_____

六、价值评估

价值估算方法：□现行市价法　□重置成本法　□其他_____

计算过程：_____
_____

价值估算结果：车辆鉴定评估价值为人民币_____元，金额大写：_____

七、特别事项说明[1]

八、鉴定评估报告法律效力

本鉴定评估结果可以作为作价参考依据。本项鉴定评估结论有效期为90天，自鉴定评估基准日起至____年____月____日止。

九、声明

（1）本鉴定评估机构对该鉴定评估报告承担法律责任。

（2）本报告所提供的车辆评估价值为评估基准日的价值。

（3）本报告的使用权归委托方所有，其鉴定评估结论仅供委托方为本项目鉴定评估目的使用和送交二手车鉴定评估主管机关审查使用，不适用于其他目的，否则本鉴定评估机构不承担相应法律责任；因使用本报告不当而产生的任何后果与签署本报告书的鉴定评估人员无关。

（4）本鉴定评估机构承诺，未经委托方许可，不将本报告的内容向他人提供或公开，否则本鉴定评估机构将承担相应法律责任。

附件：

一、二手车鉴定评估委托书

二、二手车鉴定评估作业表

三、车辆行驶证、机动车登记证书复印件

四、被鉴定评估二手车照片（要求外观清晰，车辆牌照能够辨认）

二手车鉴定评估师（签字、盖章）　　　　　　　　　　　　　复核人[2]（签字、盖章）

（二手车鉴定评估机构盖章）

　　年　　月　　日　　　　　　　　　　　　　　　　　　　　　年　　月　　日

[1] 特别事项是指在已确定鉴定评估结果的前提下，鉴定评估人员认为需要说明在鉴定过程中已发现可能影响鉴定评估结论，但非鉴定评估人员执业水平和能力所能鉴定评定估算的有关事项以及其他问题。

[2] 复核人是指具有高级二手车鉴定评估师资格的人员。

备注：1. 本报告书和作业表一式三份，委托方两份，受托方一份；

　　　2. 鉴定评估基准日即《二手车鉴定评估委托书》签订的日期。

表3-12 二手车鉴定评估报告完成情况考核表

班级		姓名		学号	
项目		必要的记录		分值	评分
鉴定评估报告内容完整				30	
思路清晰、文字简练准确				20	
有关取证和材料数据真实				30	
对教师提出的问题解释充分				20	
总分					

教师签字：_____

_____年_____月_____日

旗帜引领

政策利好，加速二手车流通

2020年3月31日，国务院常务会议确定三大政策促进汽车消费，其中第二条便是中央财政采取以奖代补方式，支持京津冀等重点地区淘汰国三及以下排放标准柴油货车。专家普遍认为，这条政策将鼓励升级换代新能源或国五、国六绿色清洁的燃油货车。而在三大政策中，对二手车经销企业销售旧车减收增值税的政策将加速二手车市场流通。

专家指出，按照此前的增值税政策，二手车经销企业收购二手车后再销售，无论是否有增值收入，都要按照二手车销售额的2%计算缴纳增值税。而这次的政策为：对二手车经销企业销售旧车，从2020年5月1日至2023年底按销售额的0.5%征收增值税。

中国汽车流通协会副秘书长罗磊指出："中国的二手车市场的经营主体是偏小、偏散、偏弱的，通过对二手车经销企业的扶持或者减税，可以让这些中小企业得到迅速地成长。"

根据中国汽车流通协会的统计，2019年全国二手车交易额达到1万亿的规模，在北京、上海、广州等一线城市，置换对新车消费拉动超过了40%。这次发布的政策使二手车销售额增值税降低了75%，将会大大刺激二手车市场的活跃度。

（资料来源：中国汽车报，有改动）

思考与练习

一、填空题

1. 一般以_____为单位计算二手车的已使用年限。
2. 以二手车的实际累计行驶里程与规定行驶里程的比值来确定其成新率的方法称为_____。
3. 对于二手车评估来讲，一般采用的重置成本法包括_____和_____两种计算方法。
4. 在二手车交易数据较易获取的情况下，一般选用_____法来评估二手车的价值。
5. 撰写二手车鉴定评估报告时，若鉴定评估基准日为2019年6月22日，则其鉴定评估结论的有效期截至_____年_____月_____日。

二、单项选择题

1. 轻、中、重型货车的规定使用年限为（　　）年。
   A．15　　　　　B．10　　　　　C．8　　　　　D．5
2. 计算二手车成新率时，采用（　　）法可以全面地反映二手车的新旧状态。
   A．使用年限　　B．行驶里程　　C．整车观测　　D．综合成新率
3. 若二手车长期在差路或特殊环境下行驶，则其使用条件调整系数的取值为（　　）。
   A．0.7　　　　B．0.8　　　　C．0.9　　　　D．1.0
4. 二手车鉴定评估报告的法律效力一般为（　　）天。
   A．30　　　　　B．60　　　　　C．90　　　　　D．180
5. 下列（　　）不属于二手车鉴定评估报告书的附件。
   A．二手车鉴定评估委托书　　　　B．车辆照片
   C．二手车鉴定评估作业表　　　　D．依据的法律文件

三、思考题

1. 什么是二手车成新率？计算二手车成新率的方法有哪些？
2. 什么是现行市价法？如何使用该方法计算二手车价值？
3. 二手车鉴定评估报告包括哪些内容？

项目四
二手车交易

项目导读

二手车交易比一般商品交易复杂许多，买卖双方不但需要遵守相关的政策规定，还要依照一定的交易程序进行，这样才能保证买卖双方的利益。虽然我国各地二手车交易市场进行二手车交易的流程可能存在一些差异，但其主要交易程序和最终目的是相同的。通过本项目的学习，学生能够初步了解二手车交易的相关知识。

学习目标

1. 熟悉影响二手车收购定价的因素，能够选择合适的方法计算二手车的收购定价。
2. 熟悉影响二手车销售定价的因素，了解二手车的销售定价目标，能够选择合适的方法计算二手车的销售定价。
3. 了解汽车置换的模式和流程。
4. 了解二手车网络交易平台。
5. 掌握办理二手车过户手续的流程，能够正确引导客户办理二手车过户手续。

素质目标

1. 激发爱党、爱国、爱社会主义的巨大热情。
2. 树立客观、严谨、细致的工作作风。
3. 培育执着专注、踏实认真的职业素质。
4. 养成好学上进、拼搏创新的钻研精神。

任务一 了解二手车的收购与销售定价

 **情景导入**

"没有中间商赚差价,卖家多卖钱,买家少花钱。"通过多渠道、高频次的广告投放,某二手车直卖网的广告语令人耳熟能详。但是仔细想一想,如果中间商真的不赚钱,它又如何支付员工的工资,又如何维持企业的经营活动呢?

原来,该二手车直卖网没有采用传统二手车经销商常用的经营模式,即收车后加价转卖,而是通过提供相关服务和保障来促成车主和买方达成交易,并从中收取服务费作为收益的。

该二手车直卖网提供的一项服务是对车辆进行鉴定评估并确定价格。那么,如果你是该二手车直卖网或其他二手车经销企业的员工,应如何合理地确定二手车的收购与销售价格呢?

 **相关知识**

商品价格的确定直接影响到企业的利润,同时也是实现企业经营目标的主要手段和策略。对于二手车流通企业,二手车的收购与销售价格的确定应结合新车市场,并充分考虑诸多影响因素,才能兼顾顾客需求和企业利润。

一、二手车的收购定价

(一)影响二手车收购定价的因素

1. 车辆的总体价值

收购二手车时应充分考虑车辆的总体价值,包括车辆实体的产品价值和各项手续的价值。

(1)车辆实体的产品价值

车辆实体的产品价值除了用鉴定评估的方法进行评估外,还可根据经验结合目前市场行情进行综合评估,主要评估项目为二手车技术状况鉴定中的静态检查项目和动态检查项目。

此外,配置、装饰、改装等项目也很重要,包括有无ABS装置、助力装置、真皮座椅、电动门窗、中控防盗锁、CD音响,以及有无动力改装、悬架系统改装、音响改装等。

(2)各项手续的价值

各项手续的价值主要体现在机动车登记证书、原始购车发票、机动车行驶证、车辆购置税完税证明、车船税完税凭证和机动车保险单上。如果收购车辆的证件和缴费凭证不全,便会影响收购价格,因为补办手续不但耗费人工成本,而且在转籍过户过程中可能会产生意想不到的麻烦,也会带来许多难以

133

解决的后续问题。

2. 收购二手车后的费用支出

收购二手车时，除了考虑车辆本身的费用外，还应考虑二手车从购入到售出的这段时间内产生的保险费、日常维护费、停车费、收购支出的货币利息和管理费等。

3. 市场宏观环境的变化

收购二手车时应考虑到国家宏观政策、国家和地方法规等市场宏观环境的变化是否会造成车辆贬值。

4. 市场微观环境的变化

市场微观环境主要指本车型的价格变动以及新车型的上市对收购价格的影响。例如，某款轿车降价后，二手车的收购价格自然也会降低；新款车型的问世自然会使旧款车型的"身价"受到影响。

5. 经营的需要

二手车经营者应根据库存车辆数量调整收购价格。例如，当本期库存车辆减少、货源紧张时，应适当提高车辆收购价格，以补充货源，保证库存的稳定；反之，则应降低收购价格。

此外，若某一款车型出现断档情况，该车型的收购价格也会相应提高。例如，某公司本期二手卡罗拉轿车销售一空，该公司会适当提高卡罗拉车型的收购价格。反之，如果某公司本期二手卡罗拉轿车销路不畅，库存积压显著，那么应降低卡罗拉轿车的收购价格，同时库存卡罗拉轿车的销售价格也会降低。

6. 品牌知名度和维修服务条件

对于不同品牌的二手车，由于其品牌知名度和售后服务质量不同，其收购价格也不同。例如，一汽、上汽、东风、广汽等企业在国内颇具实力，其产品具有很高的品牌知名度，技术相对成熟，售后服务体系也很健全，二手车收购价格可以适当提高。

（二）二手车收购的定价方法

二手车收购价格的确定需要根据二手车收购的特定目的，在二手车鉴定评估的基础上，充分考虑市场的供求关系，以便对评估的价格做快速变现的特殊处理（即能通过最终确定的价格快速将二手车售出），一般有以下几种方法。

1. 以现行市价法、重置成本法确定收购价格

首先运用现行市价法、重置成本法对二手车进行鉴定评估，估算出其客观价值，然后根据快速变现原则，估定一个折扣率，并以此确定二手车收购价格。例如，运用重置成本法估算某二手车的价值为10万元，根据市场销售情况，确定折扣率为20%时可快速售出此车，则该车的收购价格可定为8万元。

注 意

折扣率是指车辆能够快速售出的价格与现行市场价格之比，它是经营者对市场销售情况进行充分调查和了解后，凭经验估算出来的。

2. 以清算价格法确定收购价格

清算价格法的特点是企业或个人由于破产等原因，要求在一定的期限内将车辆变现。若有顾客要求快速转卖车辆变现，则其收购估价可比在二手车市场成交的同类型车辆的公平市价低很多，一般来讲也低于车辆现时状态的客观价值。

3. 以快速折旧法确定收购价格

以快速折旧法确定收购价格是指根据车辆的价值和计算出的折旧额，来确定收购价格。

（三）二手车收购价格的计算

确定二手车收购价格的前提是被收购车辆的证件齐全。如果所缺失的证件能以货币支出补办，则收购价格应扣除补办手续的货币支出，以及时间和精力的成本支出。具体有以下几种方法。

① 运用重置成本法对二手车进行鉴定评估，然后根据快速变现的原则，估定一个折扣率，将被收购车辆的评估价值乘以折扣率，即得二手车的收购价格，其计算公式为

$$收购价格 = 评估价格 \times 折扣率 \tag{4-1}$$

② 运用现行市价法对二手车进行价值评估，再根据上述方法计算收购价格，计算公式同式（4-1）。

③ 运用快速折旧法。首先计算出二手车已使用年数累计折旧额，然后将重置成本全价减去累计折旧额，再减去车辆的维修费用，即得二手车的收购价格，其计算公式为

$$收购价格 = 重置成本全价 - 累计折旧额 - 维修费用 \tag{4-2}$$

被收购车辆的重置成本全价为相同型号新车的国内现行市场价格。累计折旧额的计算方法是：先用年份数求和法或双倍余额递减折旧法计算出年折旧额，再将已使用年限内各年的折旧额汇总累加，即得累计折旧额。维修费用是指车辆现时状态下，某功能完全丧失，需要维修和换件的费用总支出。

使用年份数求和法或双倍余额递减折旧法计算年折旧额的方法如下。

① 年份数求和法。车辆每年的折旧额可用其原值减去其残值的差额再乘以一个逐年变化的递减系数（年折旧率），其计算公式为

$$D_\mathrm{t} = (K_0 - S_\mathrm{V}) \times \frac{N+1-t}{N(N+1)/2} \tag{4-3}$$

式中：

D_t ——车辆年折旧额；

K_0 ——车辆原值；

S_V ——车辆残值；

$\dfrac{N+1-t}{N(N+1)/2}$ ——递减系数（年折旧率）；

N ——车辆预计使用年限，一般取车辆规定使用年限；

t ——车辆使用年度。

提示

车辆残值一般按车辆原值的5%计算，也可根据情况忽略不计。

② 双倍余额递减折旧法。任何年的折旧额可先用车辆原值乘以在车辆整个寿命期内恒定的折旧率，再用车辆原值减去该年折旧额作为新的原值；下一年重复这一做法，直到折旧总额分摊完毕，其计算公式为

$$D_t = K_0 a(1-a)^{t-1} \tag{4-4}$$

式中：

a——年平均折旧率，$a = \dfrac{2}{N}$。

案例分析

2019年1月，某二手车公司欲收购一辆大众速腾轿车，车辆注册登记日期为2016年2月。该车型新车在当时的市场价格为7.8万元，其收购定价过程如下。

1. 相关已知条件

从2016年2月到2019年1月，该车已使用3年。该类型汽车的规定使用年限为15年，$N=15$。重置成本全价 $K_0 = 78\,000$ 元；残值忽略不计，即 $S_V = 0$；无维修费用。

2. 计算累计折旧额

① 当以年份数求和法计算二手车的累计折旧额时，应注意从2016年2月到2017年1月，该车已使用1年，$t_1 = 1$；从2017年2月到2018年1月，该车已使用2年，$t_2 = 2$；从2018年2月到2019年1月，该车已使用3年，$t_3 = 3$。根据式(4-3)依次求出各年折旧额 D_t，最后求出3年后的累计折旧额，计算结果如表4-1所示。

表4-1 以年份数求和法计算累计折旧额

年份	重置成本/元	递减系数	年折旧额/元	累计折旧额/元
2016年2月—2017年1月	78 000	15/120	9 750	9 750
2017年2月—2018年1月		14/120	9 100	18 850
2018年2月—2019年1月		13/120	8 450	27 300

② 当以双倍余额递减折旧法计算二手车的累计折旧额时，$a = \dfrac{2}{15}$。根据式(4-4)依次求出各年折旧额 D_t，最后求出3年后的累计折旧额，计算结果如表4-2所示。

表4-2 以双倍余额递减折旧法计算累计折旧额

年份	重置成本/元	折旧率	年折旧额/元	累计折旧额/元
2016年2月—2017年1月	78 000	$\dfrac{2}{15}$	10 400	10 400
2017年2月—2018年1月			9 013	19 413
2018年2月—2019年1月			7 812	27 255

3．计算二手车收购价格

二手车收购价格应按剩余价值最小（或按累计折旧额最大）来确定。由表4-1和表4-2可知，利用年份数求和法计算的累计折旧额最大，因此该二手车的收购价格为

收购价格＝重置成本全价－累计折旧额－维修费用＝78 000－27 300－0＝50 700（元）

二、二手车的销售定价

（一）影响二手车销售定价的因素

1．成本因素

成本是定价的基础和底线，二手车的销售价格如果不能保证成本，企业的经营活动便难以维持。二手车流通企业在确定二手车销售定价时，应考虑收购车辆的总成本费用，包括固定成本费用和变动成本费用，用公式表示为

$$总成本费用＝固定成本费用＋变动成本费用 \quad (4-5)$$

（1）固定成本费用

固定成本费用是指在既定的经营目标内，不随收购车辆的变化而变动的成本费用，如分摊在这一经营项目中的固定资产折旧费、管理费等。单位收购车辆所分摊的固定成本费用与收购车辆总价值之比称为固定成本费用摊销率。例如，某企业根据经营目标，预计某年度收购500万元的车辆价值，分摊固定成本费用5万元，则固定成本费用摊销率为1%。固定成本费用可用公式表示为

$$固定成本费用＝收购价格×固定成本费用摊销率 \quad (4-6)$$

因此有

$$总成本费用＝收购价格×固定成本费用摊销率＋变动成本费用 \quad (4-7)$$

（2）变动成本费用

变动成本费用是指随收购价格和其他费用的变动而相应变动的费用，主要包括车辆实体的收购价格、运输费、保险费、日常维护费、维修翻新费、资金占用的利息等。

案例分析

某二手车公司2019年2月以10万元的价格收购了一辆二手帕萨特轿车，该车若在2020年1月销售，则其总成本费用的计算方法如下。

1．固定成本费用摊销率的确定

对该二手车公司的固定成本构成情况进行分析，可知分摊给二手车销售的固定成本费用摊销率为1%。

2．变动成本的确定

①该车实体的收购价格为10万元。

②收购此车时的运输费为2 000元。

③从收购日起到预计的销售日止，分摊在该车上的日常维护费为500元。

④ 该车收购后的维修翻新费为 1 500 元。
⑤ 车辆存放期间，银行的活期存款年利率为 0.35%，车辆存放了 1 年，于是有

变动成本费用 =（收购价格 + 运输费用 + 维护费用 + 维修翻新费用）×（1 + 银行活期存款年利率)^1
　　　　　　 =（100 000 + 2 000 + 500 + 1 500）×（1 + 0.35%)^1
　　　　　　 = 104 364（元）

总成本费用 = 收购价格 × 固定成本费用摊销率 + 变动成本费用
　　　　　 = 100 000 × 1% + 104 364 = 105 364（元）

2. 供求关系

二手车的销售价格由买卖双方的相互作用来决定，以市场供求为前提，所以决定价格的基本因素有两个，即供给与需求。若二手车供大于求，则价格会下降；若供小于求，则价格会上升。这便是市场供求规律。

供求关系表明价格只能围绕价值上下波动，而价值仍然是确定价格水平及其变动的决定性因素。企业在定价时，除了以二手车价值为基础外，还可以运用供求关系来分析和制定其价格。

3. 竞争状况

二手车流通企业为了维持自己的市场份额，在进行二手车销售定价时应考虑本地区同行业竞争对手的价格状况，并根据自己的市场地位和定价目标进行定价。

4. 国家政策法令

大部分国家和地区对物价都有适度的控制，虽然不同国家和地区对价格的控制程度、范围、方式等存在着一定的差异，但完全放开和完全控制的情况都是没有的。一般来讲，国家可以通过物价部门直接对企业定价进行干预，也可以用财政、税收手段对企业定价实行间接影响。

（二）二手车的销售定价目标

二手车的销售定价目标是指二手车流通企业制定二手车的销售价格，凭借价格产生的效用所达到的预期目标。二手车的销售定价目标一般可分为获取利润目标和占领市场目标两种。

◎ **获取利润目标**：利润是考核和分析二手车流通企业营销工作好坏的综合性指标，是二手车流通企业最主要的资金来源，因此是二手车销售定价的首要目标。

◎ **占领市场目标**：占领市场即提高市场占有率。市场占有率是指二手车流通企业的销售量占目标市场销售总量的比重。提高市场占有率不仅能为企业带来更多利润，同时也能削弱竞争对手和提高企业在行业内的影响力，有利于企业的长远发展。

（三）二手车的销售定价方法

二手车流通企业为了在目标市场实现定价目标，需要采用一定的方法来给产品制定基本价格和浮动范围。成本、需求和竞争是影响企业定价最基本的因素，产品成本决定了价格的底线，产品本身的特点

决定了需求状况，竞争者产品与价格又为定价提供了参考的基点，这就形成了以成本、需求、竞争为导向的三大基本定价思路。

1. 成本导向定价法

成本导向定价法包括成本加成定价法和目标收益定价法等。

（1）成本加成定价法

成本加成定价法又称加额定价法、标高定价法或成本基数法，它是一种应用比较普遍的定价方法。成本加成定价法首先需确定一辆二手车的总成本费用，然后在此总成本费用的基础上再加上一定比例的利润，从而形成此二手车的销售价格，用公式表示为

$$销售价格 = 总成本费用 \times (1 + 成本加成率) \tag{4-8}$$

案例分析

> 某二手车公司2019年2月收购了一辆二手帕萨特轿车，该公司收购此车的总成本费用为105 364元。本车型市场保有量较大，且销售情况平稳，根据销售时的市场行情，一般成本加成率为5%。因此，此车按成本加成定价法确定的最终销售价格为
>
> $$销售价格 = 总成本费用 \times (1 + 成本加成率) = 105\,364 \times (1 + 5\%) = 110\,633(元)$$

成本加成定价法深受业界欢迎，主要原因有以下几点。

① 可简化定价工作。由于成本的不确定性一般比需求的不确定性小得多，定价着眼于成本，可以简化定价工作，不必随时依需求的变化而频繁地调整定价。

② 可降低价格竞争程度。若同行业都采用这种定价方法，那么在成本与加成率相似的情况下价格也大致相同，这样可以使价格竞争减至最低限度。

③ 对买卖双方都较为公平。卖方不会利用买方需求量增大的优势而趁机哄抬物价，因而有利于买方。同时，固定的加成率也可以使卖方获得相当稳定的收益。因此，推荐用成本加成法来对二手车销售进行定价。

（2）目标收益定价法

目标收益定价法又称投资收益率定价法，它根据二手车流通企业的投资总额、预期销量和投资回收期等因素来确定二手车销售价格。目标收益定价法常用在二手车供不应求或价格弹性很小的细分市场中。

2. 需求导向定价法

需求导向定价法又称顾客导向定价法或市场导向定价法，它是二手车流通企业根据市场需求状况和消费者的不同反应来确定二手车销售价格的一种定价方式。

3. 竞争导向定价法

竞争导向定价法是二手车流通企业根据市场竞争状况确定二手车销售价格的一种定价方法。竞争导向定价法的特点是价格与

成本、需求不发生直接关系，它主要以竞争对手的价格为基础，并与竞争品价格保持一定的比例。若竞争品价格未变，即使二手车成本或市场需求变动了，也应维持原价；若竞争品价格变动，即使二手车成本和市场需求未变，也需相应调整价格。

注 意

二手车流通企业在实际定价时往往只能侧重于考虑某一类因素，先选择上述几种定价方法中的某种定价方法进行定价，再对定价结果进行修订。

三、汽车置换

汽车置换主要是指以旧换新业务，经销商通过二手车的收购与新车的对等销售获取利益。目前，汽车置换业务在世界各国都已成为流行的销售方式。

（一）汽车置换的模式

目前在我国进行汽车置换主要有三种模式。
① 用本厂家生产的旧车置换新车。
② 用本品牌旧车置换新车。
③ 置换的旧车不限生产厂家和品牌。（国外基本上采用此种置换模式。）

如果考虑买车人的选择余地和便利程度，当然是第三种模式最好，但这种模式对厂商和经销商而言非常不利。因为国内车主一般不在厂商指定的维修点维护和修理车辆，也没有保留车辆维修档案的习惯，因此车况极不透明；并且，不同品牌、不同型号的车辆在技术和零部件上千差万别，维修起来很麻烦，尤其对于那些已经停产的车型。

（二）汽车置换的流程

汽车置换主要包括旧车出售和新车购买两个环节，具体置换流程如下。
① 消费者通过电话或直接到汽车置换授权经销商处进行咨询，也可以登录汽车置换授权经销商的网站进行置换登记。
② 汽车置换授权经销商安排鉴定评估人员对旧车进行鉴定评估。
③ 汽车置换授权经销商的销售顾问陪同选购新车。
④ 签订旧车购销协议及置换协议。
⑤ 置换旧车的钱款直接冲抵新车的车款，消费者补足新车差价后，办理提车手续，或由汽车置换授权经销商的销售顾问协助在指定的经销商处提取所购车辆。
⑥ 消费者如需贷款购新车，则置换旧车的钱款作为新车的首付款，汽车置换授权经销商为其办理购车贷款手续，并建立个人信息数据库。
⑦ 汽车置换授权经销商办理旧车过户手续，消费者提供必要的协助和材料。
⑧ 汽车置换授权经销商为消费者提供全程后续服务。

提示

对于汽车置换中的新车，买方可选择仍使用原车牌照或申请新牌照。购买新车需交钱款为新车价格减去旧车评估价格。若旧车贷款尚未还清，可由经销商垫付还清贷款，款项计入新车需交钱款。

四、二手车网络交易平台

在传统的二手车产业链中，买方和卖方之间的连接渠道主要是线下二手车交易市场、二手车拍卖公司等，而依托于网络技术的各个二手车网络交易平台正在影响传统的二手车产业链。二手车网络交易平台可在线上为购车者提供海量车源，并拥有自己的鉴定评估师团队，从而保证了车源质量；公开透明的车况信息使购车者的选车成本大大降低，提高了二手车交易的效率。

目前，二手车网络交易平台（以下简称平台）主要有以下几种模式。

（一）B2C模式

B2C模式即企业对个人模式，主要有以下两种类型。

① 平台只提供信息服务。二手车经销企业向平台缴纳广告服务费、信息服务费、会员费等费用，然后在平台上发布并展示自己的车源信息和店铺信息，以供消费者选购；同时，消费者可在平台上寻找车源或发布购车需求等，如图4-1所示。这类平台的典型代表有优信二手车（见图4-2）、二手车之家等。

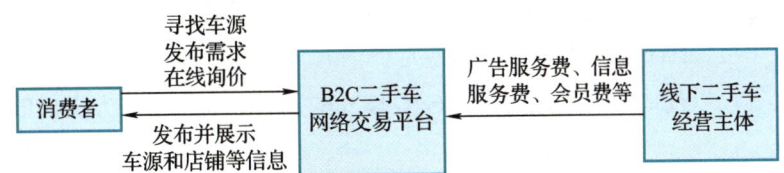

图4-1　只提供信息服务的B2C二手车网络交易平台

图4-2　优信二手车网络交易平台

② 平台自营车辆。平台通过各种渠道直接收购车辆，整备后加价销售。此类平台的典型代表是汽车制造企业自己开设的平台。以奥迪为例，2017年5月，奥迪推出了官方认证二手车在线4S店（见图4-3），它涵盖了二手车完整的业务流程，包括收购、置换（以旧换新、以旧换旧）、检测、评估、整备、翻新、销售、售后质保等各类服务。

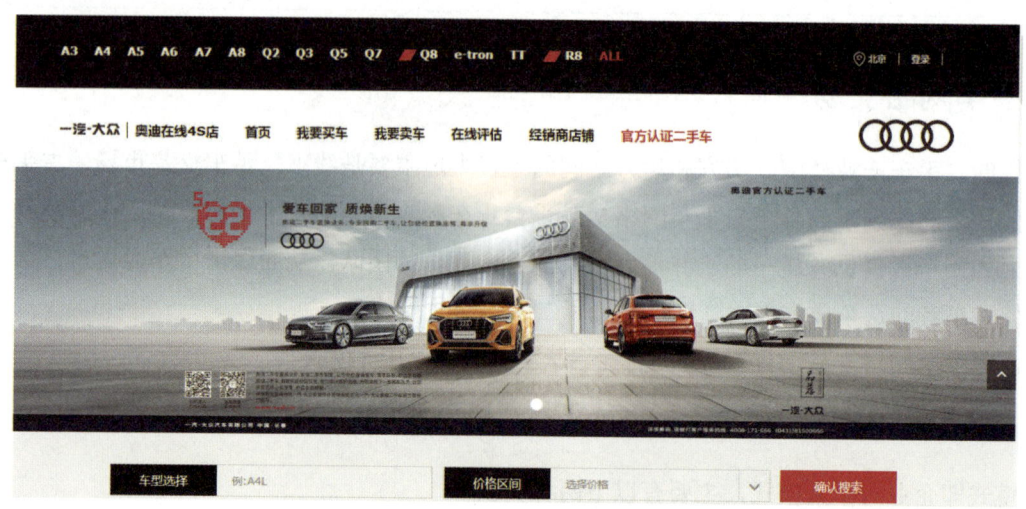

图4-3　奥迪二手车在线4S店

（二）C2C模式

C2C模式的核心是去中间商化，让个人和个人之间进行交易。C2C模式的代表平台有人人车、好车无忧及瓜子二手车等。C2C模式的本质是个人二手车寄售，车主在平台登记车源后可以边开边卖，平台负责寻找买家并提供车况保障（对车辆进行技术鉴定评估）、支付保障等服务，还可以陪同买家看车及协助买家办理相关手续等，以促成双方达成交易。C2C模式的盈利主要来自买方支付的交易服务费。

（三）B2B模式

B2B模式即企业对企业模式。此模式下，平台为4S店、汽车租赁机构、大型用车企业及二手车经销企业等提供二手车交易服务，促成双方达成交易。其盈利模式与C2C模式类似，盈利主要来自交易服务费。B2B模式的代表平台有优信拍、车易拍等。

任务实训——确定二手车收购及销售价格

已知某二手车经销企业在2020年5月打算收购一辆大众迈腾轿车，其注册登记日期为2017年4月。该车车况良好，没有发生过事故，技术鉴定分值为92分。该车型新车在当时的市场价格为14.8万元，残值和维修费用忽略不计。通过调查得知该二手车经销企业的固定成本费用摊销率为1%，该车的变动成本费用可忽略不计。

根据本任务所学的知识，确定该二手车的收购及销售价格，并将计算、分析过程及结果填写在下方的工作单（见表4-3）中。

表4-3 二手车收购及销售定价计算考核工作单

班级		姓名		学号	

将计算过程及结果填写在下面：

自我评价（个人技能掌握程度）：□非常熟练　□比较熟练　□一般熟练　□不熟练

教师评语（包括公式的正确性、权重系数的确定等方面，并按百分制给出成绩）：

成绩：_____

教师签字：_____

_____年_____月_____日

笔记

_____
_____
_____

旗帜引领

瓜子二手车打造极致购车体验

近年来，互联网、大数据、云计算、人工智能、区块链等技术加速创新，日益融入经济社会发展各领域全过程。数字经济发展速度之快、辐射范围之广、影响程度之深前所未有，已成为重组全球要素资源、重塑全球经济结构、改变全球竞争格局的关键力量。

基于此，瓜子二手车顺应时代，推出了通过视频看车、送车上门、无理由退换车等电商化服务，从线上订车到线下交付最快可在48小时内完成，将二手车行业购车时效与交付体验提升至全新水平。瓜子二手车提供的交付时效和极致体验大幅领先行业平均水平，让购买二手车这样的大宗消费品像网购手机、家电等日常消费品一样便捷高效，体验媲美天猫、京东等国内领先的电商平台，这极大地促进了二手车在全国范围内的流通。

黄女士计划在5万元购车预算内，为家中老人购买一辆代步车。通过在瓜子二手车APP浏览，她相中了一辆2015款奔腾X80，车价4.9万元，正好在预算范围内。瓜子二车手提供的7天随便退、30天全面保修、1年（或2万公里）售后基础保障等售后服务也给她吃下了"定心丸"。不久，黄女士便在APP上下了单。

　　因第二天要前往其他城市办事急需用车，黄女士在瓜子二手车APP上预约了送车上门服务。平台工作人员在办理完车辆落档等相关手续后，冒着大雨驱车近20千米，于第二天晚上8点左右将车辆送至黄女士家中。从黄女士下单购车到车辆完成上门交付，用时不到48小时。

　　目前，瓜子二手车已在北京、天津、南宁、合肥等城市试点送车上门服务。消费者完成购车订单支付后，瓜子二手车提供车辆整备、洗美及代办过户等服务，并按照约定的时间、地点送车上门，消费者可全程足不出户。消费者可选择将车辆送往就近的交付点，也可选择直接送至家门口。

　　为顺应持续增长的在线购车需求，瓜子二手车加快线上化进程，借助视频、VR等方式详解车况，基于无理由退换车服务提供购车兜底保障，让消费者能够放心地在线上购车，购车后用车无忧。

（资料来源：搜狐网，有改动）

任务二　办理二手车过户手续

情景导入

　　李先生想将自己的一辆车卖了。为了节省费用，他和一买主私下交易，在与对方签订了买卖合同并收到车款后，便将这辆车和机动车登记证书、机动车行驶证等车辆法定证明、凭证交付给对方，让对方自己到车辆管理机关办理车辆转移登记手续。

　　交易一年多后，李先生接到公安机关交通管理部门的电话，说他名下的一辆车有多条违章记录未处理！李先生懵了："此车早就过户了，为什么还会找上我？"后经了解，原来买这辆车的人并没有办理车辆转移登记手续，车辆依然登记在李先生名下，因此车辆发生的交通违章、交通事故等，原则上都需要李先生承担责任。

　　二手车的交易必须合法、合规地按照一定的程序进行。否则对于卖方来说，就可能出现李先生面临的情况；而对于买方来说，则可能出现购车后车辆所有权依然属于卖方的情况。

　　那么，如果你是二手车经销企业的员工，该如何引导客户合法、合规地进行二手车交易，办理二手车过户手续呢？

相关知识

一、了解二手车交易程序

二手车交易不像一般商品交易那么简单,需要遵守相关的政策规定,按照一定的交易程序进行,这样才能保障买卖双方的利益。

二手车交易主要分为个人直接交易、个人通过经纪机构交易、二手车经销企业收购和销售交易、二手车拍卖企业拍卖交易几种类型。无论是哪种交易类型,都需要办理二手车交易手续和转移登记手续(即过户)。其中,二手车交易手续在二手车交易市场办理,最终环节是为购车者开具二手车销售统一发票;二手车转移登记手续在车辆管理机关办理,主要是变更机动车登记证书、核发机动车行驶证及机动车号牌。

办理二手车过户手续

除拍卖交易外的二手车交易常见程序如图4-4所示。

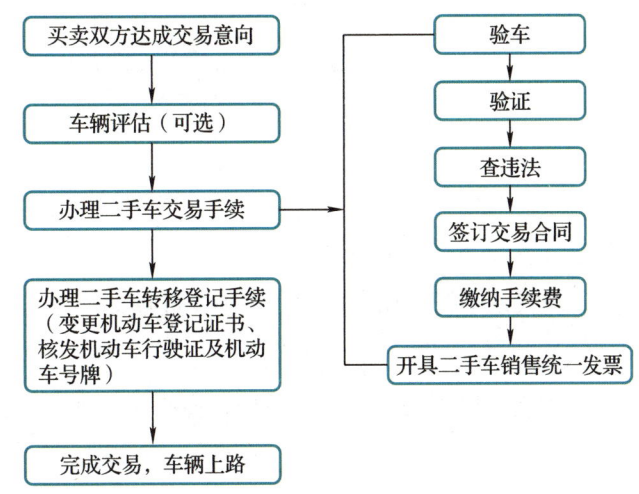

图4-4　除拍卖交易外的二手车交易常见程序

二、办理二手车交易手续

办理二手车交易手续的具体流程如下。

(一)验车

验车是买卖双方在二手车交易市场办理交易手续的第一道程序,由市场主办方委派负责过户的业务人员办理。验车的目的主要是检查车辆和行驶证上的内容是否一致,对车辆的合法性进行验证。验车时要检查的内容包括:车主姓名、车辆名称、车辆号牌号码、车辆类型、车辆识别代码、发动机号、排气量、注册登记日期等,经检查无误后,填写车辆检验单(见图4-5),进入验证阶段。

北京市东方旧机动车交易市场车辆检验单

卖方：________________ 电话：__________
买方：________________ 电话：__________
号牌号码____________ 车辆类型______________
车辆名称____________ 使用性质______________
车辆识别代号__________ 发动机号______________
排气量________ 年份________ 颜色__________
注册登记日期__________ 登记证号______________
原购车价________ 交易管理费________ 有效期________
验车员______________ 年 月 日

备注：

号牌号码________ 登记日期________ 年份________
厂牌名称________ 颜色________ 排气量________
车辆类型________ 使用性质________
原购车价__________ 经 办 人__________
年 月 日

图4-5 车辆检验单（样例）

（二）验证

验证即查验相关证明、凭证，其主要目的是确认交易车辆的合法性，以及确认卖方有车辆的所有权或处置权。如果相关证明、凭证缺失或不符合规定，则车辆不能进行交易。

1. 车辆的合法性查验

在进行二手车交易时，车主须提供以下法定证明、凭证，并确保其真实、合法、有效，以证明车辆的合法性。

① 机动车登记证书。

② 机动车行驶证。

③ 机动车安全技术检验合格标志。

④ 车辆购置税完税证明。

⑤ 车船税完税凭证。

⑥ 机动车保险单。

2. 车辆的所有权或处置权查验

① 查验车主身份证明原件是否合法、有效。如果车主是自然人，其身份证明为个人身份证；如果车主是企业法人，则其身份证明为企业的营业执照。查验时注意机动车登记证书、机动车行驶证上登记的相关信息与车主身份证明须一致。

> 如果是外籍公民，其身份证明为护照及工作（居留）证。

②国家机关、国有企事业单位出售的车辆，应附有资产处理证明。

③委托出售的车辆，卖方应提供车主授权委托书和车主身份证明。

④二手车经销企业销售的车辆，应具有车辆收购合同等能够证明经销企业拥有该车所有权或处置权的相关材料，以及原车主身份证明复印件。原车主名称应与机动车登记证、机动车行驶证中的名称一致。

办理二手车交易时，车主可以授权委托其他人来办理交易及过户手续，但必须签署授权委托书。此委托书只在办理交易过户手续时使用，而不能在办理转移登记手续时使用。典型的授权委托书式样如下。

授权办理旧机动车交易过户委托书

本委托人现有旧机动车一辆需出售，车辆号码为＿＿＿＿＿＿，车辆型号为＿＿＿＿＿＿。现委托＿＿＿＿＿＿以委托人的名义办理上述旧机动车交易、过户事宜。

委托人（签章）＿＿＿＿＿

＿＿＿＿年＿＿＿月＿＿＿日

注：1. 此原件（或复印件）应由受托人主动向购买旧车的当事人提供，并作为《二手车交易合同》的附件。

2. 以下手续由本委托人提供：（1）机动车登记证书原件；（2）本人身份证原件或单位营业执照原件；（3）机动车行驶证原件；（4）购车发票；（5）车辆其他手续等。

（三）查违法

查违法即查询交易的二手车是否有违法行为记录，一般可通过当地公安机关交通管理部门网站进行查询。

（四）签订交易合同

根据《二手车流通管理办法》的规定，二手车交易双方应签订交易合同，在合同中须对二手车的状况、来源的合法性、费用负担以及出现问题的解决办法等各方面进行约定，以便分清各自的责任和义务。

二手车经鉴定评估后，其车辆的真实性和价值已基本确定。如果原车主不同意评估价值，可以和二手车销售企业协商；同时，需要原车主对其车辆的一些其他事宜（已使用年

限、行驶里程、安全隐患、有无违章记录等）做出一个书面承诺，这些都是以签订交易合同的形式来确定的。二手车交易合同是确立买卖双方交易关系和履行责任的法律合约，是办理车辆转移登记手续的必要凭证之一。

（五）缴纳手续费

手续费是指在二手车交易市场中办理交易手续的服务费用。目前，很多二手车交易市场的手续费是按照车辆排量定额收取的，小排量少收，大排量多收。

（六）开具二手车销售统一发票

二手车销售统一发票是二手车的来历证明，是办理车辆转移登记手续的重要文件，因此又称为过户发票。二手车销售统一发票的有效期为一个月，在此期间，现车主应到车辆管理机关办理机动车行驶证、机动车登记证的转移登记手续。

二手车销售统一发票由二手车交易市场、有开票资格的二手车经销企业或拍卖企业开具。二手车销售统一发票是压感纸印制的，一式五联，其中存根联、记账联、入库联由开票方留存；发票联交购车方；转移登记联交车辆管理机关办理转移登记手续。

注 意

二手车销售统一发票的价款中不包括手续费和鉴定评估费。

（七）交付手续

二手车交易完成后，卖方应当及时向买方交付车辆、号牌及车辆法定证明、凭证。车辆法定证明、凭证主要包括机动车登记证书、机动车行驶证、有效的机动车安全技术检验合格标志、车辆购置税完税证明、车船使用税缴付凭证和车辆保险单等。

三、办理二手车转移登记手续

车辆交易后，现车主应当自车辆交付之日起三十日内向当地车辆管理机关申请转移登记，即把原车主的登记信息变更为现车主的登记信息。

（一）转移登记的程序

1. 提出申请

现车主向车辆管理机关提出机动车转移登记申请，填写"机动车注册、转移、注销登记/转入申请表"，如表4-4所示。

表4-4 机动车注册、转移、注销登记/转入申请表

申请人信息栏				
机动车所有人	姓名/名称		邮政编码	
	邮寄地址			
	手机号码		固定电话	
代理人	姓名/名称		手机号码	
申请业务事项				
申请事项	☐注册登记 ☐注销登记 ☐转移登记 ☐车辆转入 ☐车辆转出 转出至： 省（自治区、直辖市） 市（地、州）			
号牌种类			号牌号码	
机动车	品牌型号		车辆识别代码	
	使用性质	☐非营运 ☐公路客运 ☐公交客运 ☐出租客运 ☐旅游客运 ☐租赁 ☐教练 ☐接送幼儿 ☐接送小学生 ☐接送中小学生 ☐接送初中生 ☐危险货物运输 ☐货运 ☐消防 ☐救护 ☐工程救险 ☐警用 ☐出租营转非 ☐营转非		
机动车所有人及代理人对申请材料的真实有效性负责		机动车所有人（代理人）签字： 年 月 日		

填表说明：

1．填写时请使用黑色或者蓝色墨水笔，字体工整，不得涂改。

2．标注有"☐"符号的为选择项目，选择后在"☐"中划"√"，各栏目只能选择一项。

3．"邮寄地址"栏，填写可通过邮寄送达的地址。

4．"机动车"栏的"品牌型号"项目，按照车辆的技术说明书、合格证等资料标注的内容填写。

5．"机动车所有人（代理人）签字"栏，机动车属于个人的，由机动车所有人签字，属于单位的，由单位的被委托人签字。由代理人代为办理的，机动车所有人不签字，由代理人或者代理单位的经办人签字，填写姓名/名称、手机号码。

6．"号牌种类"栏，按照大型汽车号牌、小型汽车号牌、普通摩托车号牌、轻便摩托车号牌、低速车号牌、挂车号牌、使馆汽车号牌、使馆摩托车号牌、领馆汽车号牌、领馆摩托车号牌、教练汽车号牌、教练摩托车号牌、警用汽车号牌、警用摩托车号牌填写。

2．交验车辆

现车主将车辆送到机动车检测站检测，核查车辆识别代码或车架号码是否有凿改，车辆识别代码或车架号码的拓印模是否一致。如果机动车已经超过检验周期，还应进行安全技术检验。

3. 受理审核资料

车辆管理机关在受理转移登记申请后，应查验并收存相关资料，向现车主出具受理凭证。车辆管理机关审批相关手续后，对于符合规定的，应在计算机系统中确认；对于不符合规定的，应说明理由并开具退办单，将资料退回车主。

4. 车主信息的转移登记

对于需要改变机动车登记编号的，车辆管理机关应收回原机动车号牌、机动车行驶证，确定新的机动车登记编号，重新核发机动车号牌、机动车行驶证和检验合格标志；对于不需要改变机动车登记编号的，车辆管理机关只须变更机动车登记证书上的车主信息及重新核发机动车行驶证。

（二）转移登记的材料

各地区办理二手车转移登记手续所需要的材料略有不同，下面为北京市车辆管理机关要求的二手车转移登记材料。

① 现机动车所有人身份证明。

② 由代理人代理的，还需提交代理人身份证明（代理人为单位的，还需提交经办人身份证明），以及机动车所有人的书面委托。

③ 机动车登记证书。

④ 机动车行驶证。

⑤ 机动车号牌。

⑥ 机动车所有权转移的来历证明（即二手车销售统一发票）。

⑦ 海关监管的机动车，还应当提交《中华人民共和国海关监管车辆解除监管证明书》或海关批准的转让证明。

⑧ 使（领）馆机动车所有权转移给非使（领）馆的单位或者个人的，还应当提交车辆购置税的完税证明或者免税凭证。

⑨ 超过检验有效期的机动车，还应当提交机动车安全技术检验合格证明、车船税纳税或者免税证明和机动车交通事故责任强制保险凭证。

⑩ 小、微载客机动车在本市转移或转入本市的，还需提交本市小客车配置或更新指标确认通知书。

⑪ 机动车转入本市的，还应当提交机动车档案。

（三）不能办理转移登记的情形

有下列情形之一的，不能办理转移登记。

① 机动车所有人提交的证明、凭证无效的。

② 机动车与该车档案记载内容不一致的。

③ 属于海关监管的机动车，海关未解除监管或者批准转让的。

④ 机动车在抵押登记、质押备案期间的。

⑤ 机动车涉及未处理完毕的道路交通安全违法行为或者交通事故的。

⑥ 超过检验有效期未进行安全技术检验的。

⑦ 机动车来历证明被涂改或者机动车来历证明记载的机动车所有人与身份证明不符的。

⑧ 距《机动车强制报废标准规定》中限定的机动车使用年限不足1年的。

⑨ 机动车被人民法院、人民检察院、行政执法部门依法查封、扣押的。

⑩ 机动车属于被盗抢的。

⑪ 申请小、微载客机动车转移登记，机动车所有人未持有有效的本市小客车配置或更新指标的。

⑫ 其他不符合法律、行政法规规定的情形。

提示

办理完二手车过户手续后，二手车交易并不算大功告成，车辆保险合同的变更也十分重要。办理车辆保险合同的变更手续很简单，现车主只需填写一份车辆保险过户申请书，向原投保的保险公司申请办理批改被保险人称谓的手续即可。

如果现车主需要退保，则必须原车主与其一同前往原投保的保险公司办理退保业务。之后，现车主便可以到任何一家保险公司重新办理车辆保险。

任务实训——办理二手车过户手续

一、准备工作

（1）教师模拟设置二手车交易市场办公室和车辆管理机关，并提供二手车过户需要的证明、凭证的样本，以及二手车交易合同模板和机动车转移登记申请表等材料。

（2）将学生每4名为一组进行分组，组内学生分别扮演二手车卖方、买方、二手车交易市场业务员和车辆管理机关人员。

二、实训方法

二手车交易市场业务员和车辆管理机关人员的扮演者应结合本任务的相关知识，引导卖方、买方的扮演者办理二手车交易手续和二手车转移登记手续。教师观察学生实训全过程，并参考表4-5对学生的实训情况进行考核。

表4-5　二手车过户手续办理考核表

班级、学号		姓名	
项目	必要的记录	分值	评分
沟通情况		10	
对工作程序的掌握程度		30	
相关材料核查的正确程度		30	
二手车交易合同的规范程度		20	
机动车转移登记申请表的规范程度		10	
总分			

教师签字：_____

_____年_____月_____日

旗帜引领

闲置物品循环再利用利国利民

2021年9月，中共中央、国务院印发的《关于完整准确全面贯彻新发展理念做好碳达峰碳中和工作的意见》提出，大力推动节能减排，全面推进清洁生产，加快发展循环经济，加强资源综合利用，不断提升绿色低碳发展水平。

"敬天惜物""节物致用"，我国有促进资源循环利用的悠久传统。近年来，国家也曾多次强调，要增强全民节约意识、环保意识、生态意识，倡导简约适度、绿色低碳的生活方式，把建设美丽中国转化为全体人民的自觉行动。

基于此，绿色生活、绿色消费日益流行，绿色低碳循环发展经济体系发展迅速。大数据显示，与"二手"关联最多的商品种类，占据前5位的搜索关键词分别是二手车、二手奢侈品、二手智能手机、二手家具和二手家用电器。二手车交易是社会闲置物品交易中最主要的一类商品。

一般来讲，当汽车保有量达到一定数量之后，二手车市场往往就开始加快发展，我国二手车市场正在迎来广阔的蓝海。目前，有关部门已经发布了多个政策红利，极大地简化了二手车的交易流程。展望未来，相信有关部门与相关市场主体会继续着眼于汽车全生命周期，持续发力深化流通领域"放管服"改革，着力解决制约汽车流通与消费的突出问题，促进汽车全链条高效流通，推动汽车消费绿色循环。

（资料来源：百度百家号，有改动）

思考与练习

一、填空题

1. 二手车的总体价值包括_____和_____。
2. 若某车型出现断档的情况，则该车型的收购价格会_____。
3. 二手车的销售定价目标包括_____和_____。
4. 二手车交易市场的手续费是按照_____收取的。
5. 二手车网络交易平台分为基于_____的二手车网络交易平台和基于_____的二手车网络交易平台。

二、单项选择题

1. 办理二手车转移登记手续时需要的材料不包括（　　）。
   A．二手车销售统一发票　　　　B．机动车行驶证
   C．机动车销售统一发票　　　　D．机动车号牌
2. 下列（　　）不属于变动成本费用。
   A．运输费　　　B．日常维护费　　　C．维修翻新费　　　D．折旧费
3. 办理二手车交易手续的具体流程不包括（　　）。
   A．验车　　　B．查违法　　　C．缴纳手续费　　　D．核发新牌照
4. 下列（　　）是一种高瞻远瞩的目标。
   A．获取预期收益　　　　　　　B．获取最大利润
   C．获取合理利润　　　　　　　D．占领市场
5. 在确定二手车销售定价时，首先考虑应用（　　）法。
   A．成本加成　　　B．目标收益　　　C．需求导向　　　D．边际成本

三、思考题

1. 影响二手车收购定价的因素有哪些？
2. 影响二手车销售定价的因素有哪些？
3. 什么是汽车置换？

附 录

附录一 机动车强制报废标准规定

（商务部、发展改革委、公安部、环境保护部令2012年第12号）

第一条 为保障道路交通安全、鼓励技术进步、加快建设资源节约型、环境友好型社会，根据《中华人民共和国道路交通安全法》及其实施条例、《中华人民共和国大气污染防治法》、《中华人民共和国噪声污染防治法》，制定本规定。

第二条 根据机动车使用和安全技术、排放检验状况，国家对达到报废标准的机动车实施强制报废。

第三条 商务、公安、环境保护、发展改革等部门依据各自职责，负责报废机动车回收拆解监督管理、机动车强制报废标准执行有关工作。

第四条 已注册机动车有下列情形之一的应当强制报废，其所有人应当将机动车交售给报废机动车回收拆解企业，由报废机动车回收拆解企业按规定进行登记、拆解、销毁等处理，并将报废机动车登记证书、号牌、行驶证交公安机关交通管理部门注销：

（一）达到本规定第五条规定使用年限的；

（二）经修理和调整仍不符合机动车安全技术国家标准对在用车有关要求的；

（三）经修理和调整或者采用控制技术后，向大气排放污染物或者噪声仍不符合国家标准对在用车有关要求的；

（四）在检验有效期届满后连续3个机动车检验周期内未取得机动车检验合格标志的。

第五条 各类机动车使用年限分别如下：

（一）小、微型出租客运汽车使用8年，中型出租客运汽车使用10年，大型出租客运汽车使用12年；

（二）租赁载客汽车使用15年；

（三）小型教练载客汽车使用10年，中型教练载客汽车使用12年，大型教练载客汽车使用15年；

（四）公交客运汽车使用13年；

（五）其他小、微型营运载客汽车使用10年，大、中型营运载客汽车使用15年；

（六）专用校车使用15年；

（七）大、中型非营运载客汽车（大型轿车除外）使用20年；

（八）三轮汽车、装用单缸发动机的低速货车使用9年，装用多缸发动机的低速货车以及微型载货汽车使用12年，危险品运输载货汽车使用10年，其他载货汽车（包括半挂牵引车和全挂牵引车）使用15年；

（九）有载货功能的专项作业车使用15年，无载货功能的专项作业车使用30年；

（十）全挂车、危险品运输半挂车使用10年，集装箱半挂车使用20年，其他半挂车使用15年；

（十一）正三轮摩托车使用12年，其他摩托车使用13年。

对小、微型出租客运汽车（纯电动汽车除外）和摩托车，省、自治区、直辖市人民政府有关部门可结合本地实际情况，制定严于上述使用年限的规定，但小、微型出租客运汽车不得低于6年，正三轮摩托车不得低于10年，其他摩托车不得低于11年。

小、微型非营运载客汽车、大型非营运轿车、轮式专用机械车无使用年限限制。

机动车使用年限起始日期按照注册登记日期计算，但自出厂之日起超过2年未办理注册登记手续的，按照出厂日期计算。

第六条 变更使用性质或者转移登记的机动车应当按照下列有关要求确定使用年限和报废：

（一）营运载客汽车与非营运载客汽车相互转换的，按照营运载客汽车的规定报废，但小、微型非营运载客汽车和大型非营运轿车转为营运载客汽车的，应按照本规定附件1所列公式核算累计使用年限，且不得超过15年；

（二）不同类型的营运载客汽车相互转换，按照使用年限较严的规定报废；

（三）小、微型出租客运汽车和摩托车需要转出登记所属地省、自治区、直辖市范围的，按照使用年限较严的规定报废；

（四）危险品运输载货汽车、半挂车与其他载货汽车、半挂车相互转换的，按照危险品运输载货车、半挂车的规定报废。

距本规定要求使用年限1年以内（含1年）的机动车，不得变更使用性质、转移所有权或者转出登记地所属地市级行政区域。

第七条 国家对达到一定行驶里程的机动车引导报废。达到下列行驶里程的机动车，其所有人可以将机动车交售给报废机动车回收拆解企业，由报废机动车回收拆解企业按规定进行登记、拆解、销毁等处理，并将报废的机动车登记证书、号牌、行驶证交公安机关交通管理部门注销：

（一）小、微型出租客运汽车行驶60万千米，中型出租客运汽车行驶50万千米，大型出租客运汽车行驶60万千米；

（二）租赁载客汽车行驶60万千米；

（三）小型和中型教练载客汽车行驶50万千米，大型教练载客汽车行驶60万千米；

（四）公交客运汽车行驶40万千米；

（五）其他小、微型营运载客汽车行驶60万千米，中型营运载客汽车行驶50万千米，大型营运载客汽车行驶80万千米；

（六）专用校车行驶40万千米；

（七）小、微型非营运载客汽车和大型非营运轿车行驶60万千米，中型非营运载客汽车行驶50万千米，大型非营运载客汽车行驶60万千米；

（八）微型载货汽车行驶50万千米，中、轻型载货汽车行驶60万千米，重型载货汽车（包括半挂牵引车和全挂牵引车）行驶70万千米，危险品运输载货汽车行驶40万千米，装用多缸发动机的低速货车行驶30万千米；

（九）专项作业车、轮式专用机械车行驶50万千米；

（十）正三轮摩托车行驶10万千米，其他摩托车行驶12万千米。

第八条 本规定所称机动车是指上道路行驶的汽车、挂车、摩托车和轮式专用机械车；非营运载客汽车是指个人或者单位不以获取利润为目的的自用载客汽车；危险品运输载货汽车是指专门用于运输剧毒化学品、爆炸品、放射性物品、腐蚀性物品等危险品的车辆；变更使用性质是指使用性质由营运转为非营运或者由非营运转为营运，小、微型出租、租赁、教练等不同类型的营运载客汽车之间的相互转换，以及危险品运输载货汽车转为其他载货汽车。本规定所称检验周期是指《中华人民共和国道路交通安全法实施条例》规定的机动车安全技术检验周期。

第九条 省、自治区、直辖市人民政府有关部门依据本规定第五条制定的小、微型出租客运汽车或者摩托车使用年限标准，应当及时向社会公布，并报国务院商务、公安、环境保护等部门备案。

第十条 上道路行驶拖拉机的报废标准规定另行制定。

第十一条 本规定自2013年5月1日起施行。2013年5月1日前已达到本规定所列报废标准的，应当在2014年4月30日前予以报废。《关于发布〈汽车报废标准〉的通知》（国经贸经〔1997〕456号）、《关于调整轻型载货汽车报废标准的通知》（国经贸经〔1998〕407号）、《关于调整汽车报废标准若干规定的通知》（国经贸资源〔2000〕1202号）、《关于印发〈农用运输车报废标准〉的通知》（国经贸资源〔2001〕234号）、《摩托车报废标准暂行规定》（国家经贸委、发展计划委、公安部、环保总局令〔2002〕第33号）同时废止。

附录二　二手车鉴定评估技术规范

（GB/T 30323—2013）

引言

为规范二手车鉴定评估行为，营造公平、公正的二手车消费环境，保护消费者合法权益，促进汽车市场健康发展，制定本标准。

本标准在制定过程中，参考了国外二手车鉴定评估有关法规与行业标准的主要思路与方法。

1　范围

本标准规定了二手车鉴定评估的术语和定义、企业（生产企业二手车业务、汽车经销商二手车部门、二手车市场、二手车经纪公司、二手车拍卖）要求、作业流程和方法等技术要求。

本标准适用于从事二手车（小、微型客车和大型轿车）鉴定评估的活动。从事其他二手车鉴定评估，以及其他涉及汽车鉴定评估活动参照执行。

2　规范性引用文件

下列文件对于本文件的应用是必不可少的。凡是注日期的引用文件，仅注日期的版本适用于本文件。凡是不注日期的引用文件，其最新版本（包括所有的修改单）适用于本文件。

GB 7258 机动车运行安全技术条件

3　术语和定义

下列术语和定义适用于本文件。

3.1 二手车 used car

从办理完毕注册登记手续到达到国家强制报废标准之前进行交易并转移所有权的汽车。

3.2 二手车鉴定评估 used car appraisal and evaluation

对二手车进行技术状况检测、鉴定，确定其在某一时点价值的过程。

3.2.1 二手车技术状况鉴定 technical condition of the used car appraisal

对二手车技术状况进行缺陷描述、等级评定。

3.2.2 二手车价值评估 used car valuation

根据二手车技术状况鉴定结果和鉴定评估目的，对目标车辆价值进行评估。价值评估方法主要包括现行市价法、重置成本法。

3.2.2.1 现行市价法 current market price method

根据车辆技术状况按照市场现行价格计算出被评估车辆价值的方法。

3.2.2.2 重置成本法 replacement cost method

按照相同车型市场现行价格重新购置一个全新状态的评估对象，用所需的全部成本减去评估对象的实体性、功能性和经济性陈旧贬值后的差额，以其作为评估对象现时价值的方法。

3.3 二手车鉴定评估机构 used car appraisal and evaluation mechanism

从事二手车鉴定评估经营活动的第三方服务机构。

3.4 二手车鉴定评估师 used car appraisal appraiser

依法取得二手车鉴定评估师，国家职业资格的人员。

3.5 高级二手车鉴定评估师 advanced used car appraisal

依法取得高级二手车鉴定评估师，国家职业资格的人员。

4 二手车鉴定评估机构条件和要求

4.1 场所

经营面积不少于200 m^2。

4.2 设施设备

4.2.1 具备汽车举升设备。

4.2.2 车辆故障信息读取设备、车辆结构尺寸检测工具或设备。

4.2.3 具备车辆外观缺陷测量工具、漆面厚度检测设备。

4.2.4 具备照明工具、照相机、螺丝刀、扳手等常用操作工具。

4.3 人员

具有3名以上二手车鉴定评估师，1名以上高级二手车鉴定评估师。

4.4 其他

4.4.1 具备电脑等办公设施。

4.4.2 具备符合国家有关规定的消防设施。

5 二手车鉴定评估程序

5.1 二手车鉴定评估作业流程

二手车鉴定评估机构开展二手车鉴定评估经营活动按图1所示流程作业,并参照附录A填写《二手车鉴定评估作业表》。二手车经销、拍卖、经纪等企业开展业务涉及二手车鉴定评估活动的,参照图1有关内容和顺序作业,即查验可交易车辆——登记基本信息——判别事故车——鉴定技术状况,并参照附录B填写《二手车技术状况表》。

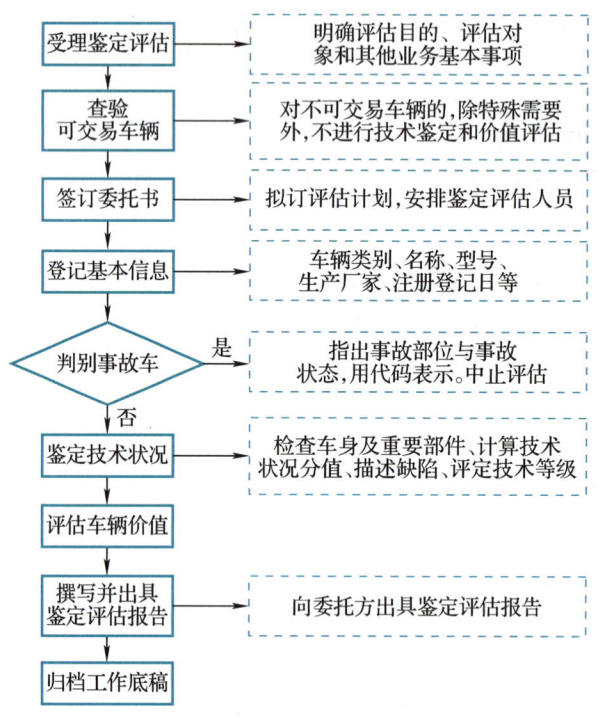

图1　二手车鉴定评估作业流程

5.2 受理鉴定评估

了解委托方及其车辆的基本情况,明确委托方要求,主要包括委托方要求的评估目的、评估基准日、期望完成评估的时间等。

5.3 查验可交易车辆

5.3.1　查验机动车登记证书、行驶证、有效机动车安全技术检验合格标志、车辆购置税完税证明、车船使用税缴付凭证、车辆保险单等法定证明、凭证是否齐全,并按照表1检查所列项目是否全部判定为"是"。

表1　可交易车辆判别表

序号	检查项目	判别
1	是否达到国家强制报废标准	Y否　N是
2	是否为抵押期间或海关监管期间的车辆	Y否　N是
3	是否为人民法院、检察院、行政执法等部门依法查封、扣押期间的车辆	Y否　N是

表1（续）

序号	检查项目	判别
4	是否为通过盗窃、抢劫、诈骗等违法犯罪手段获得的车辆	Y否　N是
5	发动机号与机动车登记证书登记号码是否一致，且无凿改痕迹	Y是　N否
6	车辆识别代号（VIN码）或车架号码与机动车登记证书登记号码是否一致，且无凿改痕迹	Y是　N否
7	是否走私、非法拼组装车辆	Y否　N是
8	是否法律法规禁止经营的车辆	Y否　N是

5.3.2 如发现上述法定证明、凭证不全，或表1检查项目任何一项判别为"N"的车辆，应告知委托方，不需继续进行技术鉴定和价值评估（司法机关委托等特殊要求的除外）。

5.3.3 发现法定证明、凭证不全，或者表1中第1项、第4项至第8项任意一项判断为"N"的车辆，应及时报告公安机关等执法部门。

5.4 签订委托书

对相关证照齐全、表1检查项目全部判别为"Y"的，或者司法机关委托等特殊要求的车辆，参照附录C签署《二手车鉴定评估委托书》。

5.5 登记基本信息

5.5.1 登记车辆使用性质信息，明确营运与非营运车辆。

5.5.2 登记车辆基本情况信息，包括车辆类别、名称、型号、生产厂家、注册登记日期、表征行驶里程等。如果表征行驶里程与实际车况明显不符，应在《二手车鉴定评估报告》（参见附录D）或《二手车技术状况表》（参见附录B）有关技术缺陷描述时予以注明。

5.6 判别事故车

5.6.1 使用漆面厚度检测设备配合对车体结构部件进行检测；使用车辆结构尺寸检测工具或设备检测车体左右对称性（代码为1）。

5.6.2 参照图2所示车体部位（代码为2～13），按照表2要求检查车辆外观，判别车辆是否发生过碰撞、火烧，确定车体结构是完好无损或者有事故痕迹。

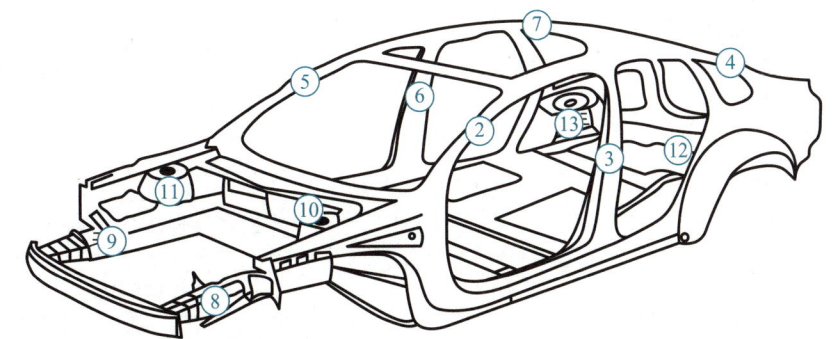

2—左A柱；3—左B柱；4—左C柱；5—右A柱；6—右B柱；7—右C柱；
8—左前纵梁；9—右前纵梁；10—左前减振器悬挂部位；11—右前减振器悬挂部位；
12—左后减振器悬挂部位；13—右后减振器悬挂部位。

图2　车体结构示意图

表2 车体部位代码表

代码	检查项目或车体部位	代码	检查项目或车体部位
1	车体左右对称性	8	左前纵梁
2	左A柱	9	右前纵梁
3	左B柱	10	左前减振器悬挂部位
4	左C柱	11	右前减振器悬挂部位
5	右A柱	12	左后减振器悬挂部位
6	右B柱	13	右后减振器悬挂部位
7	右C柱		

5.6.3 根据表2、表3对车体状态进行缺陷描述。即：车身部位代码+状态。例：4SH，即：左C柱有烧焊痕迹。

表3 车辆缺陷状态描述对应表

代表字母	BX	NQ	GH	SH	ZZ
缺陷描述	变形	扭曲	更换	烧焊	褶皱

5.6.4 当表2中任何一个检查项目存在表3中对应的缺陷时，则该车为事故车。

5.6.5 事故车的车辆技术鉴定和价值评估不在本规范的范围之内。

5.7 鉴定车辆技术状况

5.7.1 按照车身、发动机舱、驾驶舱、启动、路试、底盘等项目顺序检查车辆技术状况。

5.7.2 根据检查结果确定车辆技术状况的分值。总分值为各个鉴定项目分值累加，即鉴定总分 = ∑项目分值，满分100分。

5.7.3 根据鉴定分值，按照表4确定车辆对应的技术等级。

表4 车辆技术状况等级分值对应表

技术状况等级	分值区间
一级	鉴定总分≥90
二级	60≤鉴定总分<90
三级	20≤鉴定总分<60
四级	鉴定总分<20
五级	事故车

5.8 评估车辆价值

5.8.1 估值方法选用原则：

a）一般情况下，推荐选用现行市价法；在无参照物、无法使用现行市价法的情况下，选用重置成本法；

b）根据车辆有关情况，确立估值方法，并对车辆价值进行估算。

5.8.2 现行市价法的运用方法：

a）评估价值为相同车型、配置和相同技术状况鉴定检测分值的车辆近期的交易价格；

b）如无参照，可从本区域近期的交易记录中调取相同车型、相近分值，或从相邻区域的成交记录中调取相同车型、相近分值的成交价格，并结合车辆技术状况鉴定分值加以修正。

5.8.3 重置成本法计算车辆价值：

a）当无任何参照体时使用重置成本法，见公式（1）：

$$W = R \times e \tag{1}$$

式中：

W ——车辆评估价值；

R ——更新重置成本；

e ——综合成新率。

更新重置成本为相同型号、配置的新车在评估基准日的市场零售价格。

b）综合成新率计算方法，见公式（2）：

$$e = y \times \alpha + t \times \beta \tag{2}$$

式中：

e ——综合成新率；

y ——年限成新率；

t ——技术鉴定成新率；

α ——技术鉴定成新率系数；

β ——年限成新率系数。

其中：$\alpha + \beta = 1$；

$t \times \beta$ ——相当于实体性陈旧贬值与功能性陈旧贬值后，车辆剩余的价值率；

$y \times \alpha$ ——相当于经济性陈旧贬值后，车辆剩余的价值率。

c）年限成新率计算方法，见公式（3）：

$$y = N / n \tag{3}$$

式中：

y ——年限成新率；

N ——预计车辆剩余使用年限；

n ——车辆使用年限（非营运乘用车使用年限15年，超过15年的按实际年限计算；营运车辆、有使用年限规定的车辆按实际要求计算）。

d）技术鉴定成新率计算方法，见公式（4）：

$$t = X / 100 \tag{4}$$

式中：

t ——技术鉴定成新率；

X ——车辆技术状况分值。

5.9 撰写及出具鉴定评估报告

5.9.1 根据车辆技术状况鉴定等级和价值评估结果等情况，参照附录D要求撰写《二手车鉴定评估报告》，做到内容完整、客观、准确，书写工整。

5.9.2 按委托书要求及时向客户出具《二手车鉴定评估报告》，并由鉴定评估人与复核人签章、鉴定评估机构加盖公章。

5.10 归档工作底稿

将《二手车鉴定评估报告》及其附件与工作底稿独立汇编成册，存档备查。档案保存一般不低于5年；鉴定评估目的涉及财产纠纷的，其档案至少应当保存10年；法律法规另有规定的，从其规定。

6 正常车辆技术状况鉴定有关要求

6.1 车身外观

6.1.1 车身外观部位及对应代码见图3和表5的标示。参照图3标示，按照表5、表6要求检查26个项目，程度为1的扣0.5分，每增加1个程度加扣0.5分。共计20分，扣完为止。轮胎部分需高于程度4的标准，不符合标准时扣1分。

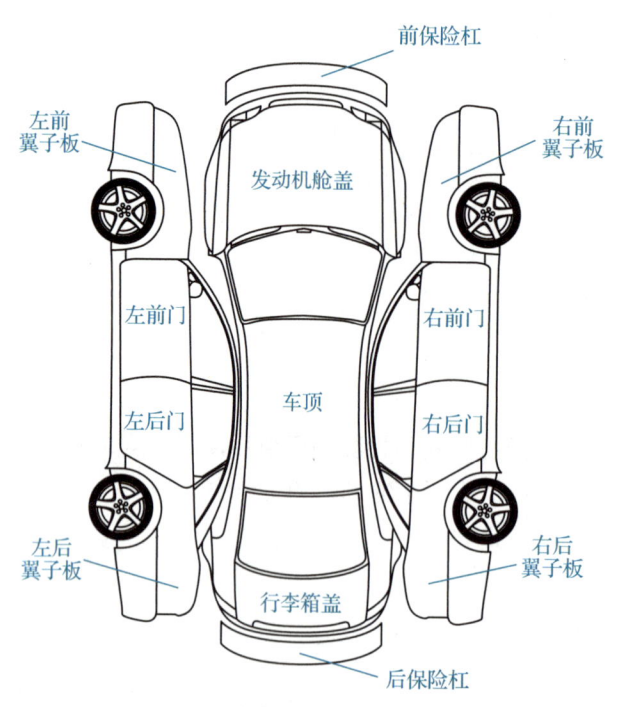

图3 车身外观展开示意图

6.1.2 使用车辆外观缺陷测量工具与漆面厚度检测设备结合目测法对车身外观进行检测。

6.1.3 根据表5、表6描述缺陷，车身外观项目的转义描述为：车身部位代码+状态+程度。

例：21XS2对应描述为：左后车门有锈蚀，面积为大于100 mm×100 mm，小于或等于200 mm×300 mm。

表5 车身外观部位代码对应表

代码	外观部位	代码	外观部位
14	发动机舱盖表面	27	后保险杠
15	左前翼子板	28	左前轮
16	左后翼子板	29	左后轮
17	右前翼子板	30	右前轮
18	右后翼子板	31	右后轮
19	左前门	32	前大灯
20	右前门	33	后尾灯
21	左后门	34	前挡风玻璃
22	右后门	35	后挡风玻璃
23	行李箱盖	36	四门车窗玻璃
24	行李箱内侧	37	左后视镜
25	车顶	38	右后视镜
26	前保险杠	39	轮胎

表6 车身外观状态描述对应表

代码字母	HH	BX	XS	LW	AX	XF
缺陷描述	划痕	变形	锈蚀	裂纹	凹陷	修复痕迹

程度：1——面积小于或等于100 mm×100 mm；

2——面积大于100 mm×100 mm并小于或等于200 mm×300 mm；

3——面积大于200 mm×300 mm；

4——轮胎花纹深度小于1.6 mm。

6.2 发动机舱

按表7要求检查10个项目（序号40～49）。选择A不扣分，第40项，选择B或C扣15分；第41项，选择B或C扣5分；第44项，选择B扣2分，选择C扣4分；其余各项，选择B扣1.5分，选择C扣3分。共计20分，扣完为止。

如检查第40项时发现机油有冷却液混入、检查第41项时发现缸盖外有机油渗漏，则应在《二手车鉴定评估报告》或《二手车技术状况表》的技术状况缺陷描述中分别予以注明，并提示修复前不宜使用。

表7 发动机舱检查项目作业表

序号	检查项目	A	B	C
40	机油有无冷却液混入	无	轻微	严重
41	缸盖外是否有机油渗漏	无	轻微	严重
42	前翼子板内缘、水箱框架、横拉梁有无凹凸或修复痕迹	无	轻微	严重
43	散热器格栅有无破损	无	轻微	严重
44	蓄电池电极桩柱有无腐蚀	无	轻微	严重
45	蓄电池电解液有无渗漏、缺少	无	轻微	严重
46	发动机皮带有无老化	无	轻微	严重
47	油管、水管有无老化、裂痕	无	轻微	严重
48	线束有无老化、破损	无	轻微	严重
49	其他	只描述缺陷，不扣分		

6.3 驾驶舱

按表8要求检查15个项目（序号50～64）。选择A不扣分，第50项，选择C扣1.5分；第51、52项，选择C扣0.5分；其余各项，选择C扣1分。共计10分，扣完为止。

如检查第60项时发现安全带结构不完整或者功能不正常，则应在《二手车鉴定评估报告》或《二手车技术状况鉴定书》的技术状况缺陷描述中予以注明，并提示修复或更换前不宜使用。

表8 驾驶舱检查项目作业表

序号	检查项目	A	C
50	车内是否无水泡痕迹	是	否
51	车内后视镜、座椅是否完整、无破损、功能正常	是	否
52	车内是否整洁、无异味	是	否
53	方向盘自由行程转角是否小于20°	是	否
54	车顶及周边内饰是否无破损、松动及裂缝和污迹	是	否
55	仪表台是否无划痕，配件是否无缺失	是	否
56	排挡把手柄及护罩是否完好、无破损	是	否
57	储物盒是否无裂痕，配件是否无缺失	是	否
58	天窗是否移动灵活、关闭正常	是	否
59	门窗密封条是否良好、无老化	是	否

表8（续）

序号	检查项目	A	C
60	安全带结构是否完整、功能是否正常	是	否
61	驻车制动系统是否灵活有效	是	否
62	玻璃窗升降器、门窗工作是否正常	是	否
63	左、右后视镜折叠装置工作是否正常	是	否
64	其他	只描述缺陷，不扣分	

6.4 启动

按表9要求检查10个项目（序号65～74）。选择A不扣分，第65、66项选择C扣2分；第67项选择C扣1分；第68至71项选择C扣0.5分；第72、73项选择C扣10分。共计20分，扣完为止。

如检查第66项时发现仪表板指示灯显示异常或出现故障报警，则应查明原因，并在《二手车鉴定评估报告》或《二手车技术状况鉴定书》的技术状况缺陷描述中予以注明。

优先选用车辆故障信息读取设备对车辆技术状况进行检测。

表9 启动检查项目作业表

序号	检查项目	A	C
65	车辆启动是否顺畅（时间少于5秒，或一次启动）	是	否
66	仪表板指示灯显示是否正常，无故障报警	是	否
67	各类灯光和调节功能是否正常	是	否
68	泊车辅助系统工作是否正常	是	否
69	制动防抱死系统（ABS）工作是否正常	是	否
70	空调系统风量、方向调节、分区控制、自动控制、制冷工作是否正常	是	否
71	发动机在冷、热车状态下怠速运转是否稳定	是	否
72	怠速运转时发动机是否无异响，空挡状态下逐渐增加发动机转速，发动机声音过渡是否无异响	是	否
73	车辆排气是否无异常	是	否
74	其他	只描述缺陷，不扣分	

6.5 路试

按表10要求检查10个项目（序号75～84）。选择A不扣分，选择C扣2分。共计15分，扣完为止。

如果检查第80项时发现制动系统出现刹车距离长、跑偏等不正常现象，则应在《二手车鉴定评估报告》或《二手车技术状况表》的技术缺陷描述中予以注明，并提示修复前不宜使用。

表10 路试检查项目作业表

序号	检查项目	A	C
75	发动机运转、加速是否正常	是	否
76	车辆启动前踩下制动踏板，保持5 s～10 s，踏板无向下移动的现象	是	否
77	踩住制动踏板启动发动机，踏板是否向下移动	是	否
78	行车制动系统最大制动效能在踏板全行程的4/5以内达到	是	否
79	行驶是否无跑偏	是	否
80	制动系统工作是否正常有效、制动不跑偏	是	否
81	变速箱工作是否正常、无异响	是	否
82	行驶过程中车辆底盘部位是否无异响	是	否
83	行驶过程中车辆转向系统是否无异响	是	否
84	其他	只描述缺陷，不扣分	

6.6 底盘

按表11要求检查8个项目（序号85～92）。选择A不扣分，第85、86项，选择C扣4分；第87、88项，选择C扣3分；第89、90、91项，选择C扣2分。共计15分，扣完为止。

表11 底盘检查项目作业表

序号	检查项目	A	C
85	发动机油底壳是否无渗漏	是	否
86	变速箱体是否无渗漏	是	否
87	转向节臂球销是否无松动	是	否
88	三角臂球销是否无松动	是	否
89	传动轴十字轴是否无松旷	是	否
90	减振器是否无渗漏	是	否
91	减振弹簧是否无损坏	是	否
92	其他	只描述缺陷，不扣分	

6.7 功能性零部件

对表12所示部件功能进行检查（序号93～113）。结构、功能坏损的，直接进行缺陷描述，不扣分。

表12 车辆功能性零部件项目表

序号	类别	零部件名称	序号	类别	零部件名称
93	车身外部件	发动机舱盖锁止	105	随车附件	备胎
94		发动机舱盖液压撑杆	106		千斤顶
95		后门/行李箱液压支撑杆	107		轮胎扳手及随车工具
96		各车门锁止	108		三角警示牌
97		前后雨刮器	109		灭火器
98		立柱密封胶条	110	其他	全套钥匙
99		排气管及消音器	111		遥控器及功能
100		车轮轮毂	112		喇叭高低音色
101	驾驶舱内部件	车内后视镜	113		玻璃加热功能
102		座椅调节及加热			
103		仪表板出风管道			
104		中央集控			

6.8 拍摄车辆照片

6.8.1 外观图片。分别从车辆左前部与右后部45°角拍摄外观图片各1张。拍摄外观破损部位带标尺的正面图片1张。

6.8.2 驾驶舱图片。分别拍摄仪表台操纵杆、前排座椅、后排座椅左侧45°角图片各1张，拍摄破损部位带标尺的正面图片1张。

6.8.3 拍摄发动机舱图片1张。

7 二手车鉴定评估机构经营管理

7.1 有规范的名称、组织机构、固定场所和章程，遵守国家有关法律、法规及行规行约，客观公正地开展二手车鉴定评估业务。

7.2 在经营场所明显位置悬挂二手车鉴定评估机构核准证书和营业执照等证照，公示二手车鉴定评估流程和收费标准。

7.3 二手车鉴定评估人员应严格遵守职业道德、职业操守和执业规范。

7.4 开展二手车鉴定评估活动应坚持客观、独立、公正、科学的原则，按照关联回避原则，回避与本机构、评估人有关联的当事人委托的鉴定评估业务。

7.5 建立内部培训考核制度，保证鉴定评估人员职业素质和鉴定评估工作质量。

7.6 建立和完善二手车鉴定评估档案制度，并根据评估对象及有关保密要求，合理确定适宜的建档内容、档案查阅范围和保管期限。

附录A（资料性附录）

二手车鉴定评估作业表（示范文本）

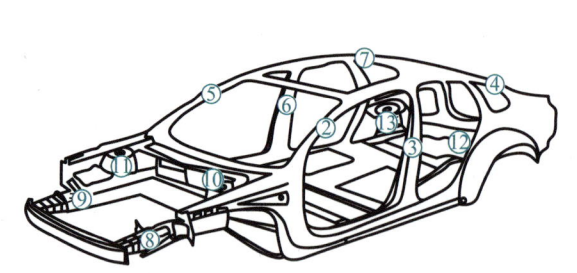
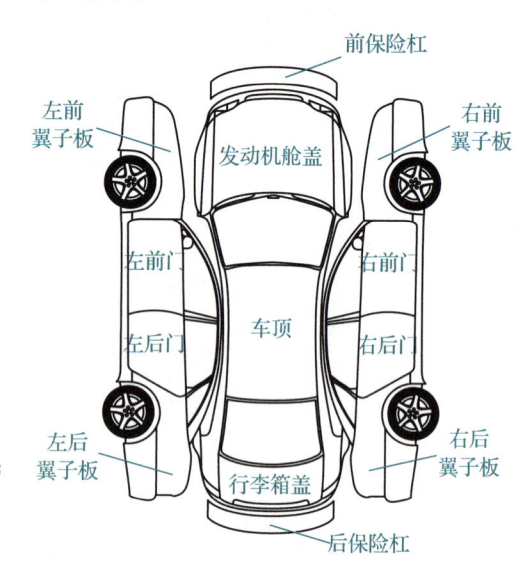

2—左A柱；3—左B柱；4—左C柱；5—右A柱；6—右B柱；
7—右C柱；8—左前纵梁；9—右前纵梁；10—左前减振器悬挂部位；
11—右前减振器悬挂部位；12—左后减振器悬挂部位；
13—右后减振器悬挂部位。

流水号：				鉴定评估日		年 月 日	
厂牌型号				行驶里程	仪表		km
牌照号码					推定		km
VIN码				车身颜色			
发动机号				车主姓名/名称			
法人代码/身份证号码		首次登记日期		使用性质			
		年 月 日					
年检证明	□有（至＿＿年＿＿月） □无			车船税证明	□有（至＿＿年＿＿月） □无		
交强险	□有（至＿＿年＿＿月） □无			购置税证书	□有 □无		
其他法定凭证、证明		□号牌 □行驶证 □登记证书 □保险单 □其他					
是否为事故车	□否 □是	损伤位置及损伤状况					
车辆主要技术缺陷描述							
总得分							
技术等级							
估价方法							
参考价值							
评估师（签章）							
评估师证号							
审核人（签章）							
二手车鉴定评估结论							

评估单位名称（盖章）

车体骨架检查项目						驾驶舱检查			扣分
1		车体左右对称性				储物盒是否无裂痕，配件是否无缺失	是	否	
2	左A柱		8	左前纵梁		天窗是否移动灵活、关闭正常	是	否	
3	左B柱		9	右前纵梁		门窗密封条是否良好、无老化	是	否	
4	左C柱		10	左前减振器悬挂部位		安全带结构是否完整、功能是否正常	是	否	
5	右A柱		11	右前减振器悬挂部位		驻车制动系统是否灵活有效	是	否	
6	右B柱		12	左后减振器悬挂部位		玻璃窗升降器、门窗工作是否正常	是	否	
7	右C柱		13	右后减振器悬挂部位		左、右后视镜折叠装置工作是否正常	是	否	
代表字母	BX	NQ	GH	SH	ZZ	其他			
描述	变形	扭曲	更换	烧焊	褶皱	合计扣分			
缺陷描述						启动检查			扣分
事故判定			□事故车 □正常车			车辆启动是否顺畅（时间少于5 s，或一次启动）	是	否	
代码	车身检查	扣分	缺陷描述			仪表板指示灯显示是否正常，无故障报警	是	否	
14	发动机舱盖表面		划痕 HH			各类灯光和调节功能是否正常	是	否	
15	左前翼子板		变形 BX			泊车辅助系统工作是否正常	是	否	
16	左后翼子板		锈蚀 XS			制动防抱死系统（ABS）工作是否正常	是	否	
17	右前翼子板		裂纹 LW			空调系统风量、方向调节、分区控制、自动控制、制冷工作是否正常	是	否	
18	右后翼子板		凹陷 AX						
19	左前门		修复痕迹 XF			发动机在冷、热车状态下怠速运转是否稳定	是	否	
20	右前门		缺陷程度			怠速运转时发动机是否无异响，空挡状态下逐渐增加发动机转速，发动机声音过渡是否无异响	是	否	
21	左后门								
22	右后门		1——面积≤(100×100) mm²；						
23	行李箱盖		2——(100×100) mm²<面积≤(200×300) mm²；			车辆排气是否无异常	是	否	
24	行李箱内侧					驻车制动系统结构是否完整	是	否	
25	车顶		3——面积>(200×300) mm²；			其他			
26	前保险杠		4——轮胎花纹深度<1.6 mm			合计扣分			
27	后保险杠					路试检查			扣分
28	左前轮		缺陷描述			发动机运转、加速是否正常	是	否	
29	左后轮					车辆启动前踩下制动踏板，保持5 s～10 s，踏板无向下移动的现象	是	否	
30	右前轮								
31	右后轮					踩住制动踏板启动发动机，踏板是否向下移动	是	否	
32	前大灯					行车制动系统最大制动效能在踏板全行程的4/5以内达到	是	否	
33	后尾灯								
34	前挡风玻璃					行驶是否无跑偏	是	否	
35	后挡风玻璃					制动系统工作是否正常有效、制动不跑偏	是	否	
36	四门车窗玻璃					变速箱工作是否正常、无异响	是	否	
37	左后视镜					行驶过程中车辆底盘部位是否无异响	是	否	
38	右后视镜					行驶过程中车辆转向系统是否无异响	是	否	
39	轮胎(备胎)					其他			
	其他项目					合计扣分			
	合计扣分					底盘检查			扣分
发动机舱检查		程度			扣分	发动机油底壳是否无渗漏	是	否	
机油有无冷却液混入		无	轻微	严重		变速箱体是否无渗漏	是	否	
缸盖外是否有机油渗漏		无	轻微	严重		转向节臂球销是否无松动	是	否	
前翼子板内缘、水箱框架、横拉梁有无凹凸或修复痕迹		无	轻微	严重		三角臂球销是否无松动	是	否	
						传动轴的十字轴是否无松旷	是	否	
散热器格栅有无破损		无	轻微	严重		减振器是否无渗漏	是	否	
蓄电池电极桩柱有无腐蚀		无	轻微	严重		减振弹簧是否无损坏	是	否	
蓄电池电解液有无渗漏、缺少		无	轻微	严重		其他			
发动机皮带有无老化		无	轻微	严重		合计扣分			
油管、水管有无老化、裂痕		无	轻微	严重		车辆功能性零部件列表			
线束有无老化、破损		无	轻微	严重		发动机舱盖锁止		仪表板出风管道	
其他						发动机舱盖液压支撑杆		中央集控	
合计扣分						后门液压支撑杆		备胎	
驾驶舱检查					扣分	行李箱液压支撑杆		千斤顶	
车内是否无水泡痕迹				是	否	各车门锁止		轮胎扳手及随车工具	
座椅是否完整、无破损、功能正常				是	否	前雨刮器		三角警示牌	
车内是否整洁、无异味				是	否	后雨刮器		灭火器	
转向盘自由行程转角是否小于20°				是	否	立柱密封胶条		全套钥匙	
车顶及周边内饰是否无破损、松动、裂缝和污迹				是	否	排气管及消声器		遥控器及功能	
仪表台是否无划痕，配件是否无缺失				是	否	车轮轮毂		喇叭高低音色	
排挡把手柄及护罩是否完好、无破损				是	否	车内后视镜		玻璃加热功能	
						座椅调节及加热			

附录B（资料性附录）

二手车技术状况表（示范文本）

	厂牌型号		牌照号码	
	发动机号		VIN码	
	注册登记日期	年　　月　　日	表征里程	万km
	品牌名称	□国产　□进口	车身颜色	
车辆基本信息	年检证明	□有（至___年___月）□无	购置税证书	□有　□无
	车船税证明	□有（至___年___月）□无	交强险	□有（至___年___月）□无
	使用性质	□营运用车　□出租车　□公务用车　□家庭用车　□其他		
	其他法定凭证、证明	□机动车号牌　□机动车行驶证　□机动车登记证书　□第三者强制保险单　□其他		
	车主名称/姓名		企业法人证书代码/身份证号码	
重要配置	燃料标号	排量	缸数	
	发动机功率	排放标准	变速器形式	
	安全气囊	驱动方式	ABS	□有　□无
	其他重要配置			
是否为事故车	□是　□否	损伤位置及损伤状况		
鉴定结果	分值		技术状况等级	
车辆技术状况鉴定缺陷描述	鉴定科目	鉴定结果（得分）	缺陷描述	
	车身检查			
	发动机舱检查			
	驾驶舱检查			
	启动检查			
	路试检查			
	底盘检查			

声明：

　　本二手车技术状况表所体现的鉴定结果仅为鉴定日期当日被鉴定车辆的技术状况表现与描述，若在当日内被鉴定车辆的市场价值或因交通事故等原因导致车辆的价值发生变化，对车辆鉴定结果产生明显影响时，本二手车技术状况表不作为参考依据。

二手车鉴定评估师：_____　　　　　　鉴定单位：(盖章)_____

　　　　　　　　　　　　　　　　　　　　　　鉴定日期：____年____月____日

　　注：本二手车技术状况表由二手车经销企业、拍卖企业、经纪企业使用，作为二手车交易合同的附件。车辆展卖期间，放置在驾驶室前挡风玻璃左下方，为消费者提供参考。

附录C（资料性附录）

二手车鉴定评估委托书（示范文本）

委托书编号：_____

委托方名称（姓名）：	鉴定评估机构名称：
法人代码证（身份证）：	法人代码证：
委托方地址：	鉴定评估机构地址：
联系人：	联系人：
电话：	电话：

因 □交易 □典当 □拍卖 □置换 □抵押 □担保 □咨询 □司法裁决 □其他（须明注）需要，委托人与受托人达成委托关系，号牌号码为_____，车辆类型为_____，车辆识别代号（VIN码）/车架号为_____的车辆进行技术状况鉴定并出具评估报告书，_____年_____月_____日前完成。

委托评估车辆基本信息

车辆情况	厂牌型号				使用用途	营运□	非营运□
	总质量/座位/排量				燃料种类		
	注册登记日期	年	月	日	车身颜色		
	已使用年限	年	个月	累计行驶里程（万km）			
	大修次数	发动机（次）			整车（次）		
	维修情况						
	事故情况						
价值反映	购置日期	年	月	日	原始价格（元）		
备注：							

委托方：（签字、盖章）　　　　　　　　　　　　　　　　受托方：（签字、盖章）

　　年　月　日　　　　　　　　　　　　　　　　　　　　　年　月　日

1. 委托方保证所提供的资料客观真实，并负法律责任。
2. 仅对车辆进行鉴定评估。
3. 评估依据：《机动车运行安全技术条件》（GB 7258）、《二手车鉴定评估技术规范》（GB/T 30323）等。
4. 评估结论仅对本次委托有效，不可用作其他用途。
5. 鉴定评估人员与有关当事人没有利害关系。
6. 委托方如对评估结论有异议，可于收到《二手车鉴定评估报告》之日起10日内向受托方提出，受托方应给予解释。

附录 D（资料性附录）

二手车鉴定评估报告（示范文本）

××××鉴定评估机构评报字（20　年）第××号

一、绪言

_____（鉴定评估机构）接受_____的委托，根据国家有关评估、《二手车流通管理办法》和《二手车鉴定评估技术规范》（GB/T 30323）的规定，本着客观、独立、公正、科学的原则，按照公认的评估方法，对牌号为_____的车辆进行了鉴定。本机构鉴定评估人员按照必要的程序，对委托鉴定评估的车辆进行了实地查勘与市场调查，并对其在_____年____月____日所表现的市场价值做出公允反映。

二、委托方信息

委托方：_____　　　　　委托方联系人：_____
联系电话：_____　　　　车主姓名/名称：（填写机动车登记证书所示的名称）

三、鉴定评估基准日： _____年_____月_____日

四、鉴定评估车辆信息

厂牌型号：_____　　　　牌照号码：_____
发动机号：_____　　　　车辆识别代号/车架号：_____
车身颜色：_____　表征里程：_____　注册登记日期：_____年____月
年审检验合格有效期至：_____年____月　　交强险截止日期：_____年____月
车船税截止日期：_____年____月
是否查封、抵押车辆：□是　□否　　车辆购置税（费）证：□有　□无
机动车登记证书：　□有　□无　　机动车行驶证：　□有　□无
未接受处理的交通违法记录：□有　□无
使用性质：□公务用车　□家庭用车　□营运用车　□出租车　□其他：_____

五、技术鉴定结果

技术状况缺陷描述：_____
_____
重要配置及参数信息：_____
技术状况鉴定等级：_____　等级描述：_____

六、价值评估

价值估算方法：□现行市价法　□重置成本法　□其他_____
计算过程：_____
_____
价值估算结果：车辆鉴定评估价值为人民币_____元，金额大写：_____

七、特别事项说明[1]

八、鉴定评估报告法律效力

本鉴定评估结果可以作为作价参考依据。本项鉴定评估结论有效期为90天，自鉴定评估基准日起至＿＿＿＿年＿＿＿月＿＿＿日止。

九、声明

（1）本鉴定评估机构对该鉴定评估报告承担法律责任；

（2）本报告所提供的车辆评估价值为评估基准日的价值；

（3）该鉴定评估报告的使用权归委托方所有，其鉴定评估结论仅供委托方为本项目鉴定评估目的使用和送交二手车鉴定评估主管机关审查使用，不适用于其他目的，否则本鉴定评估机构不承担相应法律责任；因使用本报告不当而产生的任何后果与签署本报告书的鉴定评估人员无关；

（4）本鉴定评估机构承诺，未经委托方许可，不将本报告的内容向他人提供或公开，否则本鉴定评估机构将承担相应法律责任。

附件：

一、二手车鉴定评估委托书

二、二手车鉴定评估作业表

三、车辆行驶证、机动车登记证书复印件

四、被鉴定评估二手车照片（要求外观清晰，车辆牌照能够辨认）

二手车鉴定评估师（签字、盖章）　　　　　　　　　　复核人[2]（签字、盖章）

（二手车鉴定评估机构盖章）

年　　月　　日　　　　　　　　　　　　　　　年　　月　　日

[1] 特别事项是指在已确定鉴定评估结果的前提下，鉴定评估人员认为需要说明在鉴定过程中已发现可能影响鉴定评估结论，但非鉴定评估人员执业水平和能力所能鉴定评定评估的有关事项以及其他问题。

[2] 复核人是指具有高级二手车鉴定评估师资格的人员。

备注：1. 本报告书和作业表一式三份，委托方二份，受托方一份；

　　　2. 鉴定评估基准日即为《二手车鉴定评估委托书》签订的日期。

附录三　二手车交易规范

（商务部公告2006年第22号）

第一章　总则

第一条　为规范二手车交易市场经营者和二手车经营主体的服务、经营行为，以及二手车直接交易双方的交易行为，明确交易规程，增加交易透明度，维护二手车交易双方的合法权益，依据《二手车流通管理办法》，制定本规范。

第二条　在中华人民共和国境内从事二手车交易及相关的活动适用于本规范。

第三条　二手车交易应遵循诚实、守信、公平、公开的原则，严禁欺行霸市、强买强卖、弄虚作假、恶意串通、敲诈勒索等违法行为。

第四条　二手车交易市场经营者和二手车经营主体应在各自的经营范围内从事经营活动，不得超范围经营。

第五条　二手车交易市场经营者和二手车经营主体应按下列项目确认卖方的身份及车辆的合法性：

（一）卖方身份证明或者机构代码证书原件合法有效；

（二）车辆号牌、机动车登记证书、机动车行驶证、机动车安全技术检验合格标志真实、合法、有效；

（三）交易车辆不属于《二手车流通管理办法》第二十三条规定禁止交易的车辆。

第六条　二手车交易市场经营者和二手车经营主体应核实卖方的所有权或处置权证明。车辆所有权或处置权证明应符合下列条件：

（一）机动车登记证书、行驶证与卖方身份证明名称一致；国家机关、国有企事业单位出售的车辆，应附有资产处理证明；

（二）委托出售的车辆，卖方应提供车主授权委托书和身份证明；

（三）二手车经销企业销售的车辆，应具有车辆收购合同等能够证明经销企业拥有该车所有权或处置权的相关材料，以及原车主身份证明复印件。原车主名称应与机动车登记证、行驶证名称一致。

第七条　二手车交易应当签订合同，明确相应的责任和义务。交易合同包括：收购合同、销售合同、买卖合同、委托购买合同、委托出售合同、委托拍卖合同等。

第八条　交易完成后，买卖双方应当按照国家有关规定，持下列法定证明、凭证向公安机关交通管理部门申办车辆转移登记手续：

（一）买方及其代理人的身份证明；

（二）机动车登记证书；

（三）机动车行驶证；

（四）二手车交易市场、经销企业、拍卖公司按规定开具的二手车销售统一发票；

（五）属于解除海关监管的车辆，应提供《中华人民共和国海关监管车辆解除监管证明书》。

车辆转移登记手续应在国家有关政策法规所规定的时间内办理完毕，并在交易合同中予以明确。

完成车辆转移登记后，买方应按国家有关规定，持新的机动车登记证书和机动车行驶证到有关部门办理车辆购置税、养路费变更手续。

第九条　二手车应在车辆注册登记所在地交易。二手车转移登记手续应按照公安部门有关规定在原车辆注册登记所在地公安机关交通管理部门办理。需要进行异地转移登记的，由车辆原属地公安机关交通管理部门办理车辆转出手续，在接收地公安机关交通管理部门办理车辆转入手续。

第十条　二手车交易市场经营者和二手车经营主体应根据客户要求提供相关服务，在收取服务费、佣金时应开具发票。

第十一条　二手车交易市场经营者、经销企业、拍卖公司应建立交易档案，交易档案主要包括以下内容：

（一）本规范第五条第二款规定的法定证明、凭证复印件；

（二）购车原始发票或者最近一次交易发票复印件；

（三）买卖双方身份证明或者机构代码证书复印件；

（四）委托人及授权代理人身份证或者机构代码证书以及授权委托书复印件；

（五）交易合同原件；

（六）二手车经销企业的《车辆信息表》（见附件一），二手车拍卖公司的《拍卖车辆信息》（见附件二）和《二手车拍卖成交确认书》（见附件三）；

（七）其他需要存档的有关资料。

交易档案保留期限不少于3年。

第十二条 二手车交易市场经营者、二手车经营主体发现非法车辆、伪造证照和车牌等违法行为，以及擅自更改发动机号、车辆识别代号（车架号码）和调整里程表等情况，应及时向有关执法部门举报，并有责任配合调查。

第二章 收购和销售

第十三条 二手车经销企业在收购车辆时，应按下列要求进行：

（一）按本规范第五条和第六条所列项目核实卖方身份以及交易车辆的所有权或处置权，并查验车辆的合法性；

（二）与卖方商定收购价格，如对车辆技术状况及价格存有异议，经双方商定可委托二手车鉴定评估机构对车辆技术状况及价值进行鉴定评估。达成车辆收购意向的，签订收购合同，收购合同中应明确收购方享有车辆的处置权；

（三）按收购合同向卖方支付车款。

第十四条 二手车经销企业将二手车销售给买方之前，应对车辆进行检测和整备。

二手车经销企业应对进入销售展示区的车辆按《车辆信息表》的要求填写有关信息，在显要位置予以明示，并可根据需要增加《车辆信息表》的有关内容。

第十五条 达成车辆销售意向的，二手车经销企业应与买方签订销售合同，并将《车辆信息表》作为合同附件。按合同约定收取车款时，应向买方开具税务机关监制的统一发票，并如实填写成交价格。

买方持本规范第八条规定的法定证明、凭证到公安机关交通管理部门办理转移登记手续。

第十六条 二手车经销企业向最终用户销售使用年限在3年以内或行驶里程在6万公里以内的车辆（以先到者为准，营运车除外），应向用户提供不少于3个月或5 000公里（以先到者为准）的质量保证。质量保证范围为发动机系统、转向系统、传动系统、制动系统、悬挂系统等。

第十七条 二手车经销企业向最终用户提供售后服务时，应向其提供售后服务清单。

第十八条 二手车经销企业在提供售后服务的过程中，不得擅自增加未经客户同意的服务项目。

第十九条 二手车经销企业应建立售后服务技术档案。售后服务技术档案包括以下内容：

（一）车辆基本资料。主要包括车辆品牌型号、车牌号码、发动机号、车架号、出厂日期、使用性质、最近一次转移登记日期、销售时间、地点等；

（二）客户基本资料。主要包括客户名称（姓名）、地址、职业、联系方式等；

（三）维修保养记录。主要包括维修保养的时间、里程、项目等。

售后服务技术档案保存时间不少于3年。

第三章 经纪

第二十条 购买或出售二手车可以委托二手车经纪机构办理。委托二手车经纪机构购买二手车时，应按《二手车流通管理办法》第二十一条规定进行。

第二十一条 二手车经纪机构应严格按照委托购买合同向买方交付车辆、随车文件及本规范第五条第二款规定的法定证明、凭证。

第二十二条 经纪机构接受委托出售二手车，应按以下要求进行：

（一）及时向委托人通报市场信息；

（二）与委托人签订委托出售合同；

（三）按合同约定展示委托车辆，并妥善保管，不得挪作他用；

（四）不得擅自降价或加价出售委托车辆。

第二十三条 签订委托出售合同后，委托出售方应当按照合同约定向二手车经纪机构交付车辆、随车文件及本规范第五条第二款规定的法定证明、凭证。

车款、佣金给付按委托出售合同约定办理。

第二十四条 通过二手车经纪机构买卖的二手车，应由二手车交易市场经营者开具国家税务机关监制的统一发票。

第二十五条 进驻二手车交易市场的二手车经纪机构应与交易市场管理者签订相应的管理协议，服从二手车交易市场经营者的统一管理。

第二十六条 二手车经纪人不得以个人名义从事二手车经纪活动。

二手车经纪机构不得以任何方式从事二手车的收购、销售活动。

第二十七条 二手车经纪机构不得采取非法手段促成交易，以及向委托人索取合同约定佣金以外的费用。

第四章 拍卖

第二十八条 从事二手车拍卖及相关中介服务活动，应按照《拍卖法》及《拍卖管理办法》的有关规定进行。

第二十九条 委托拍卖时，委托人应提供身份证明、车辆所有权或处置权证明及其他相关材料。拍卖人接受委托的，应与委托人签订委托拍卖合同。

第三十条 委托人应提供车辆真实的技术状况，拍卖人应如实填写《拍卖车辆信息》。

如对车辆的技术状况存有异议，拍卖委托双方经商定可委托二手车鉴定评估机构对车辆进行鉴定评估。

第三十一条 拍卖人应于拍卖日7日前发布公告。拍卖公告应通过报纸或者其他新闻媒体发布，并载明下列事项：

（一）拍卖的时间、地点；

（二）拍卖的车型及数量；

（三）车辆的展示时间、地点；

（四）参加拍卖会办理竞买的手续；

（五）需要公告的其他事项。

拍卖人应在拍卖前展示拍卖车辆，并在车辆显著位置张贴《拍卖车辆信息》。车辆的展示时间不得少于2天。

第三十二条 进行网上拍卖，应在网上公布车辆的彩色照片和《拍卖车辆信息》，公布时间不得少于7天。

网上拍卖是指二手车拍卖公司利用互联网发布拍卖信息，公布拍卖车辆技术参数和直观图片，通过网上竞价，网下交接，将二手车转让给超过保留价的最高应价者的经营活动。

网上拍卖过程及手续应与现场拍卖相同。网上拍卖组织者应根据《拍卖法》及《拍卖管理办法》有关条款制定网上拍卖规则，竞买人则需要办理网上拍卖竞买手续。

任何个人及未取得二手车拍卖人资质的企业不得开展二手车网上拍卖活动。

第三十三条 拍卖成交后，买受人和拍卖人应签署《二手车拍卖成交确认书》。

第三十四条 委托人、买受人可与拍卖人约定佣金比例。

委托人、买受人与拍卖人对拍卖佣金比例未作约定的，依据《拍卖法》及《拍卖管理办法》有关规定收取佣金。

拍卖未成交的，拍卖人可按委托拍卖合同的约定向委托人收取服务费用。

第三十五条 拍卖人应在拍卖成交且买受人支付车辆全款后，将车辆、随车文件及本规范第五条第二款规定的法定证明、凭证交付给买受人，并向买受人开具二手车销售统一发票，如实填写拍卖成交价格。

第五章 直接交易

第三十六条 二手车直接交易方为自然人的，应具有完全民事行为能力。无民事行为能力的，应由其法定代理人代为办理，法定代理人应提供相关证明。

二手车直接交易委托代理人办理的，应签订具有法律效力的授权委托书。

第三十七条 二手车直接交易双方或其代理人均应向二手车交易市场经营者提供其合法身份证明，并将车辆及本规范第五条第二款规定的法定证明、凭证送交二手车交易市场经营者进行合法性验证。

第三十八条 二手车直接交易双方应签订买卖合同，如实填写有关内容，并承担相应的法律责任。

第三十九条 二手车直接交易的买方按照合同支付车款后，卖方应按合同约定及时将车辆及本规范第五条第二款规定的法定证明、凭证交付买方。

车辆法定证明、凭证齐全合法，并完成交易的，二手车交易市场经营者应当按照国家有关规定开具二手车销售统一发票，并如实填写成交价格。

第六章 交易市场的服务与管理

第四十条 二手车交易市场经营者应具有必要的配套服务设施和场地，设立车辆展示交易区、交易手续办理区及客户休息区，做到标识明显，环境整洁卫生。交易手续办理区应设立接待窗口，明示各窗口业务受理范围。

第四十一条 二手车交易市场经营者在交易市场内应设立醒目的公告牌，明示交易服务程序、收费项目及标准、客户查询和监督电话号码等内容。

第四十二条 二手车交易市场经营者应制定市场管理规则，对场内的交易活动负有监督、规范和管理责任，保证良好的市场环境和交易秩序。由于管理不当给消费者造成损失的，应承担相应的责任。

第四十三条 二手车交易市场经营者应及时受理并妥善处理客户投诉，协助客户挽回经济损失，保护消费者权益。

第四十四条 二手车交易市场经营者在履行其服务、管理职能的同时，可依法收取交易服务和物业等费用。

第四十五条 二手车交易市场经营者应建立严格的内部管理制度，牢固树立为客户服务、为驻场企业服务的意识，加强对所属人员的管理，提高人员素质。二手车交易市场服务、管理人员须经培训合格后上岗。

第七章 附则

第四十六条 本规范自发布之日起实施。

附录四　二手车流通管理办法

（商务部、公安部、国家工商行政管理总局、国家税务总局令2005年第2号）

第一章 总则

第一条 为加强二手车流通管理，规范二手车经营行为，保障二手车交易双方的合法权益，促进二手车流通健康发展，依据国家有关法律、行政法规，制定本办法。

第二条 在中华人民共和国境内从事二手车经营活动或者与二手车相关的活动，适用本办法。

本办法所称二手车，是指从办理完注册登记手续到达到国家强制报废标准之前进行交易并转移所有权的汽车（包括三轮汽车、低速载货汽车，即原农用运输车，下同）、挂车和摩托车。

第三条 二手车交易市场是指依法设立、为买卖双方提供二手车集中交易和相关服务的场所。

第四条 二手车经营主体是指经工商行政管理部门依法登记，从事二手车经销、拍卖、经纪、鉴定评估的企业。

第五条 二手车经营行为是指二手车经销、拍卖、经纪、鉴定评估等。

（一）二手车经销是指二手车经销企业收购、销售二手车的经营活动；

（二）二手车拍卖是指二手车拍卖企业以公开竞价的形式将二手车转让给最高应价者的经营活动；

（三）二手车经纪是指二手车经纪机构以收取佣金为目的，为促成他人交易二手车而从事居间、行纪或者代理等经营活动；

（四）二手车鉴定评估是指二手车鉴定评估机构对二手车技术状况及其价值进行鉴定评估的经营活动。

第六条 二手车直接交易是指二手车所有人不通过经销企业、拍卖企业和经纪机构将车辆直接出售给买方的交易行为。二手车直接交易应当在二手车交易市场进行。

第七条 国务院商务主管部门、工商行政管理部门、税务部门在各自的职责范围内负责二手车流通有关监督管理工作。

省、自治区、直辖市和计划单列市商务主管部门（以下简称省级商务主管部门）、工商行政管理部门、税务部门在各自的职责范围内负责辖区内二手车流通有关监督管理工作。

第二章 设立条件和程序

第八条 二手车交易市场经营者、二手车经销企业和经纪机构应当具备企业法人条件，并依法到工商行政管理部门办理登记。

第九条 二手车鉴定评估机构应当具备下列条件：

（一）是独立的中介机构；

（二）有固定的经营场所和从事经营活动的必要设施；

（三）有3名以上从事二手车鉴定评估业务的专业人员（包括本办法实施之前取得国家职业资格证书的旧机动车鉴定估价师）；

（四）有规范的规章制度。

第十条 设立二手车鉴定评估机构，应当按下列程序办理：

（一）申请人向拟设立二手车鉴定评估机构所在地省级商务主管部门提出书面申请，并提交符合本办法第九条规定的相关材料；

（二）省级商务主管部门自收到全部申请材料之日起20个工作日内作出是否予以核准的决定，对予以核准的，颁发《二手车鉴定评估机构核准证书》；不予核准的，应当说明理由；

（三）申请人持《二手车鉴定评估机构核准证书》到工商行政管理部门办理登记手续。

第十一条 外商投资设立二手车交易市场、经销企业、经纪机构、鉴定评估机构的申请人，应当分别持符合第八条、第九条规定和《外商投资商业领域管理办法》、有关外商投资法律规定的相关材料报省级商务主管部门。省级商务主管部门进行初审后，自收到全部申请材料之日起1个月内上报国务院商务主管部门。合资中方有国家计划单列企业集团的，可直接将申请材料报送国务院商务主管部门。国务院商务主管部门自收到全部申请材料3个月内会同国务院工商行政管理部门，作出是否予以批准的决定，对予以批准的，颁发或者换发《外商投资企业批准证书》；不予批准的，应当说明理由。

申请人持《外商投资企业批准证书》到工商行政管理部门办理登记手续。

第十二条 设立二手车拍卖企业（含外商投资二手车拍卖企业）应当符合《中华人民共和国拍卖法》和《拍卖管理办法》有关规定，并按《拍卖管理办法》规定的程序办理。

第十三条 外资并购二手车交易市场和经营主体及已设立的外商投资企业增加二手车经营范围的，应当按第十一条、第十二条规定的程序办理。

第三章 行为规范

第十四条 二手车交易市场经营者和二手车经营主体应当依法经营和纳税，遵守商业道德，接受依法实施的监督检查。

第十五条 二手车卖方应当拥有车辆的所有权或者处置权。二手车交易市场经营者和二手车经营主体应当确认卖方的身份证明，车辆的号牌、《机动车登记证书》、《机动车行驶证》，有效的机动车安全技术检验合格标志、车辆保险单、交纳税费凭证等。

国家机关、国有企事业单位在出售、委托拍卖车辆时，应持有本单位或者上级单位出具的资产处理证明。

第十六条　出售、拍卖无所有权或者处置权车辆的，应承担相应的法律责任。

第十七条　二手车卖方应当向买方提供车辆的使用、修理、事故、检验以及是否办理抵押登记、交纳税费、报废期等真实情况和信息。买方购买的车辆如因卖方隐瞒和欺诈不能办理转移登记，卖方应当无条件接受退车，并退还购车款等费用。

第十八条　二手车经销企业销售二手车时应当向买方提供质量保证及售后服务承诺，并在经营场所予以明示。

第十九条　进行二手车交易应当签订合同。合同示范文本由国务院工商行政管理部门制定。

第二十条　二手车所有人委托他人办理车辆出售的，应当与受托人签订委托书。

第二十一条　委托二手车经纪机构购买二手车时，双方应当按以下要求进行：

（一）委托人向二手车经纪机构提供合法身份证明；

（二）二手车经纪机构依据委托人要求选择车辆，并及时向其通报市场信息；

（三）二手车经纪机构接受委托购买时，双方签订合同；

（四）二手车经纪机构根据委托人要求代为办理车辆鉴定评估，鉴定评估所发生的费用由委托人承担。

第二十二条　二手车交易完成后，卖方应当及时向买方交付车辆、号牌及车辆法定证明、凭证。车辆法定证明、凭证主要包括：

（一）《机动车登记证书》；

（二）《机动车行驶证》；

（三）有效的机动车安全技术检验合格标志；

（四）车辆购置税完税证明；

（五）养路费缴付凭证；

（六）车船使用税缴付凭证；

（七）车辆保险单。

第二十三条　下列车辆禁止经销、买卖、拍卖和经纪：

（一）已报废或者达到国家强制报废标准的车辆；

（二）在抵押期间或者未经海关批准交易的海关监管车辆；

（三）在人民法院、人民检察院、行政执法部门依法查封、扣押期间的车辆；

（四）通过盗窃、抢劫、诈骗等违法犯罪手段获得的车辆；

（五）发动机号码、车辆识别代号或者车架号码与登记号码不相符，或者有凿改迹象的车辆；

（六）走私、非法拼（组）装的车辆；

（七）不具有第二十二条所列证明、凭证的车辆；

（八）在本行政辖区以外的公安机关交通管理部门注册登记的车辆；

（九）国家法律、行政法规禁止经营的车辆。

二手车交易市场经营者和二手车经营主体发现车辆具有（四）、（五）、（六）情形之一的，应当及时报告公安机关、工商行政管理部门等执法机关。

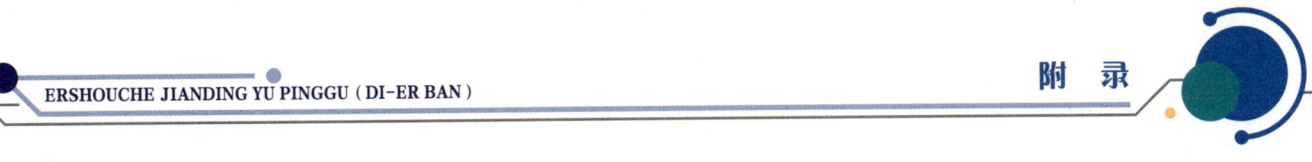

对交易违法车辆的，二手车交易市场经营者和二手车经营主体应当承担连带赔偿责任和其他相应的法律责任。

第二十四条　二手车经销企业销售、拍卖企业拍卖二手车时，应当按规定向买方开具税务机关监制的统一发票。

进行二手车直接交易和通过二手车经纪机构进行二手车交易的，应当由二手车交易市场经营者按规定向买方开具税务机关监制的统一发票。

第二十五条　二手车交易完成后，现车辆所有人应当凭税务机关监制的统一发票，按法律、法规有关规定办理转移登记手续。

第二十六条　二手车交易市场经营者应当为二手车经营主体提供固定场所和设施，并为客户提供办理二手车鉴定评估、转移登记、保险、纳税等手续的条件。二手车经销企业、经纪机构应当根据客户要求，代办二手车鉴定评估、转移登记、保险、纳税等手续。

第二十七条　二手车鉴定评估应当本着买卖双方自愿的原则，不得强制进行；属国有资产的二手车应当按国家有关规定进行鉴定评估。

第二十八条　二手车鉴定评估机构应当遵循客观、真实、公正和公开原则，依据国家法律法规开展二手车鉴定评估业务，出具车辆鉴定评估报告；并对鉴定评估报告中车辆技术状况，包括是否属事故车辆等评估内容负法律责任。

第二十九条　二手车鉴定评估机构和人员可以按国家有关规定从事涉案、事故车辆鉴定等评估业务。

第三十条　二手车交易市场经营者和二手车经营主体应当建立完整的二手车交易购销、买卖、拍卖、经纪以及鉴定评估档案。

第三十一条　设立二手车交易市场、二手车经销企业开设店铺，应当符合所在地城市发展及城市商业发展有关规定。

第四章　监督与管理

第三十二条　二手车流通监督管理遵循破除垄断，鼓励竞争，促进发展和公平、公正、公开的原则。

第三十三条　建立二手车交易市场经营者和二手车经营主体备案制度。凡经工商行政管理部门依法登记，取得营业执照的二手车交易市场经营者和二手车经营主体，应当自取得营业执照之日起2个月内向省级商务主管部门备案。省级商务主管部门应当将二手车交易市场经营者和二手车经营主体有关备案情况定期报送国务院商务主管部门。

第三十四条　建立和完善二手车流通信息报送、公布制度。二手车交易市场经营者和二手车经营主体应当定期将二手车交易量、交易额等信息通过所在地商务主管部门报送省级商务主管部门。省级商务主管部门将上述信息汇总后报送国务院商务主管部门。国务院商务主管部门定期向社会公布全国二手车流通信息。

第三十五条　商务主管部门、工商行政管理部门应当在各自的职责范围内采取有效措施，加强对二手车交易市场经营者和经营主体的监督管理，依法查处违法违规行为，维护市场秩序，保护消费者的合法权益。

第三十六条　国务院工商行政管理部门会同商务主管部门建立二手车交易市场经营者和二手车经营主体信用档案，定期公布违规企业名单。

第五章　附则

第三十七条　本办法自2005年10月1日起施行，原《商务部办公厅关于规范旧机动车鉴定评估管理工作的通知》（商建字〔2004〕第70号）、《关于加强旧机动车市场管理工作的通知》（国经贸贸易〔2001〕1281号）、《旧机动车交易管理办法》（内贸机字〔1998〕第33号）及据此发布的各类文件同时废止。

注：根据2017年9月14日发布的《商务部关于废止和修改部分规章的决定》（商务部令2017年第3号），删去《二手车流通管理办法》（商务部、公安部、国家工商行政管理总局、国家税务总局令〔2005〕第2号）第九条、第十条、第十一条。

附录五　二手车鉴定评估师考试须知

（一）考核方式

二手车鉴定评估师考核分为理论知识考试和技能操作考试两部分。理论知识考试采用闭卷必答形式，考试时间为1小时；技能操作考试采用实际操作和现场答辩形式，考试时间为1小时，其中45分钟为看车，15分钟为作答。理论知识考试和技能操作考试均实行百分制，成绩皆达60分及以上者为合格。

（二）报名条件

初级二手车鉴定评估师（年满16周岁并具备以下条件之一者）：
（1）连续从事本岗位技能水平工作1年以上；
（2）具有高中毕业证书；
（3）正在专科学校、职业学校或非机动车专业学习的二年级以上学生；
（4）正在专科学校、职业学校或机动车专业学习的一年级以上学生；
（5）具有中等专科学校毕业证书。

中级二手车鉴定评估师（持有《中华人民共和国机动车驾驶证》C1照以上并具备以下条件之一者）：
（1）持有《中华人民共和国机动车驾驶证》B1照以上并连续从事本岗位技能水平工作4年以上；
（2）取得初级二手车鉴定评估师岗位技能水平证书后，连续从事本职业工作3年以上；
（3）具有中等专科学校毕业证书，连续从事本职业工作2年以上；
（4）具有大专以上毕业证书，连续从事本职业工作1年以上；
（5）具有本科以上毕业证书。

高级二手车鉴定评估师（持有《中华人民共和国机动车驾驶证》C1照以上并具备以下条件之一者）：
（1）持有《中华人民共和国机动车驾驶证》A1、A2照以上并连续从事本岗位技能水平工作6年以上；
（2）取得中级二手车鉴定评估师岗位技能水平证书后，连续从事本职业工作3年以上；
（3）具有大专以上学历证书，取得中级二手车鉴定评估师岗位技能水平证书后，连续从事本职业工作2年以上；

（4）具有本科以上学历证书，取得中级二手车鉴定评估师岗位技能水平证书后，连续从事本职业工作1年以上。

（三）报名材料

（1）《岗位技能培训申请表》原件及扫描件（须盖单位公章）。

（2）最高学历毕业证书复印件或扫描件。

（3）工作年限证明原件及扫描件（须盖单位公章）。

（4）身份证、驾照复印件或扫描件。

（5）近期免冠2寸蓝底彩照一张及同版电子照片。

（6）申报初级二手车鉴定评估师的，需要提供在校证明，并加盖所在院校公章。

（7）申请高一级别二手车鉴定评估师的，需要提交已有级别证书的扫描件。

参考文献

[1] 中国汽车流通协会．GB/T 30323—2013《二手车鉴定评估技术规范》实施指南［M］．北京：中国标准出版社，2014．

[2] 冯波．二手车鉴定评估工作页［M］．成都：西南交通大学出版社，2016．

[3] 杜秀菊，纪世才．二手车鉴定与评估实用教程［M］．2版．北京：机械工业出版社，2018．

[4] 宁德发．二手车鉴定评估与交易一本通［M］．北京：化学工业出版社，2017．

[5] 杨智勇．二手车鉴定-评估-交易一本通［M］．北京：化学工业出版社，2016．

[6] 孙乃谦．二手车评估与贸易一体化项目教程［M］．上海：上海交通大学出版社，2012．